ALFABETIZAÇÃO E LÍNGUA PORTUGUESA

Livros didáticos e práticas pedagógicas

Coleção Linguagem e Educação

Maria da Graça Costa Val
ORGANIZADORA

ALFABETIZAÇÃO E LÍNGUA PORTUGUESA
Livros didáticos e práticas pedagógicas

Ceale* Centro de alfabetização, leitura e escrita
FaE / UFMG

autêntica

Copyright © 2009 Centro de Alfabetização,
Leitura e Escrita (Ceale/FaE/UFMG)

COORDENADORA DA COLEÇÃO LINGUAGEM E EDUCAÇÃO
Ceris Salete Ribas da Silva

CONSELHO EDITORIAL DA COLEÇÃO LINGUAGEM E EDUCAÇÃO
Ceris Salete Ribas da Silva, Magda Becker Soares, Artur Gomes de Morais, Luiz Percival Leme de Brito, Isabel Cristina Frade, Jean Hebrard, Vera Masagão, Márcia Abreu

COMISSÃO DE PUBLICAÇÕES
Aracy Alves Martins, Maria de Fátima Cardoso Gomes, Francisca Izabel Pereira Maciel, Maria Lúcia Castanheira

APOIO TÉCNICO
Giane Maria da Silva, Ceres Leite Prado

PROJETO GRÁFICO DA CAPA
Marco Severo e Diogo Droschi

EDITORAÇÃO ELETRÔNICA
Conrado Esteves

REVISÃO
Dila Bragança

Revisado conforme o Novo Acordo Ortográfico.

Todos os direitos reservados pela Autêntica Editora. Nenhuma parte desta publicação poderá ser reproduzida, seja por meios mecânicos, eletrônicos, seja via cópia xerográfica, sem a autorização prévia da Editora.

AUTÊNTICA EDITORA LTDA.
Rua Aimorés, 981, 8º andar. Funcionários
30140-071. Belo Horizonte. MG
Tel: (55 31) 3222 68 19
TELEVENDAS: 0800 283 13 22
www.autenticaeditora.com.br

**Dados Internacionais de Catalogação na Publicação (CIP)
(Câmara Brasileira do Livro)**

Alfabetização e língua portuguesa : livros didáticos e práticas pedagógicas / organizadora Maria da Graça Costa Val . – Belo Horizonte : Autêntica Editora, Ceale/FaE/UFMG, 2009. – (Coleção Linguagem e Educação)
Vários autores.
Bibliografia.
ISBN 978-85-7526-438-6
1. Alfabetização 2. Ensino fundamental 3. Português - Estudo e ensino 4. Prática de ensino 5. Professores - Formação I. Val, Maria da Graça Costa II. Série.
09-11206   CDD-370

Índices para catálogo sistemático:
1. Alfabetização e ensino de português :
Professores do ensino fundamental : Prática de ensino : Educação 370

A
Egon de Oliveira Rangel
por sua atuação decisiva na história do PNLD,
por sua liderança firme e serena,
por seu riso solto,
pelo bem que lhe queremos.

Sumário

Apresentação
Maria da Graça Costa Val 9

Sobre o PNLD
Maria da Graça Costa Val 13

Capítulo 1
LIVROS DE ALFABETIZAÇÃO: COMO AS MUDANÇAS APARECEM?
Andréa Tereza Brito Ferreira, Eliana Borges Albuquerque,
Ana Catarina Cabral, Ana Cláudia Tavares... 27

Capítulo 2
PRINCÍPIOS METODOLÓGICOS EM LIVROS
DE ALFABETIZAÇÃO APROVADOS NO PNLD 2007
Ceris Salete Ribas da Silva.. 49

Capítulo 3
ENSINO DE ORTOGRAFIA:
A CONTRIBUIÇÃO DOS LIVROS DIDÁTICOS
Maria da Graça Costa Val, Raquel Márcia Fontes Martins,
Giane Maria da Silva... 67

Capítulo 4
CONHECIMENTOS LINGUÍSTICOS NA ESCOLA: COMO LIVROS
DIDÁTICOS VÊM CAMINHANDO NESSE TERRENO NEBULOSO?
Clecio Bunzen.. 87

Capítulo 5
O TRABALHO COM A CONEXÃO
NO LIVRO DIDÁTICO DE LÍNGUA PORTUGUESA
Janice Helena Chaves Marinho.. 111

Capítulo 6
PRODUÇÃO DE TEXTOS ESCRITOS: O QUE NOS
ENSINAM OS LIVROS DIDÁTICOS DO PNLD 2007
Beth Marcuschi, Telma Ferraz Leal 127

Capítulo 7
A ABORDAGEM DE TEXTOS LITERÁRIOS
EM LIVROS DIDÁTICOS DE LÍNGUA PORTUGUESA
Delaine Cafiero, Hércules Tolêdo Corrêa 151

Capítulo 8
O LIVRO DIDÁTICO COMO AGENTE DE LETRAMENTO DIGITAL
Carla Viana Coscarelli, Else Martins dos Santos 171

GLOSSÁRIO 189

COLEÇÕES DIDÁTICAS ANALISADAS 195

REFERÊNCIAS 197

OS AUTORES 203

Apresentação

Maria da Graça Costa Val

Este é um livro dirigido ao professor. Ao professor alfabetizador e ao professor de língua portuguesa, do ensino fundamental. Ao professor que está atuando em sala de aula ou que está se formando: na graduação, na especialização, nos cursos de formação continuada.

Reunimos aqui oito artigos que tratam de temas importantes para o ensino-aprendizagem nessa área: metodologias e estratégias de alfabetização, ortografia, conhecimentos linguísticos (entre eles, recursos de coesão), produção de textos escritos, leitura literária e letramento digital. O objetivo é mostrar como os livros didáticos (LD) vêm buscando soluções para os problemas que se colocam nas práticas pedagógicas com relação a esses temas, atualmente. Novas teorias relativas à aprendizagem, novas propostas metodológicas, novas concepções linguísticas, novos objetos de ensino – como os gêneros textuais, por exemplo – têm representado um desafio a mais para os professores (além daqueles colocados pelas más condições de trabalho, a remuneração injusta, a situação socioeconômica e cultural dos alunos, o descaso das autoridades com os portadores de necessidades especiais, a rebeldia dos adolescentes). Neste livro, examinamos criticamente atividades propostas em obras didáticas, apontando inadequações, mas, principalmente, ressaltando as boas soluções encontradas.

Todos os artigos analisam livros didáticos avaliados e aprovados pelo Programa Nacional do Livro Didático (PNLD). São obras que chegaram às escolas em 2007 ou em 2008, tendo passado pelo processo de avaliação em 2005 e 2006, respectivamente. Na época, ainda não havia sido implantado, em âmbito nacional, o ensino fundamental de nove anos. Por isso, o material aqui analisado constitui-se de livros de alfabetização e coleções de língua portuguesa de 1ª a 4ª séries (PNLD 2007) ou de coleções de língua portuguesa de 5ª a 8ª séries (PNLD 2008).

O primeiro trabalho, *Livros de alfabetização: como as mudanças aparecem?*, de Ferreira, Albuquerque, Cabral e Tavares, compara edições avaliadas no PNLD 2004 e no PLND 2007 de cinco livros de alfabetização, tomando como critério categorias importantes para o processo de apropriação do sistema de escrita pela criança. Entre outras tratadas no artigo, mencionamos aqui, como exemplo: a *identificação* de letras, sílabas, rima e aliteração em palavras faladas e escritas; a *partição* oral de palavras em sílabas, a partição escrita de palavras em letras e em sílabas e a partição escrita de frases em palavras; a *formação* de palavras a partir de letras ou sílabas dadas e a formação de palavras com uso do alfabeto móvel.

O segundo artigo, *Abordagens metodológicas dos livros de Alfabetização*, de Silva, analisa os procedimentos metodológicos adotados por cinco livros de alfabetização bem recomendados pelas resenhas publicadas no *Guia* do PNLD 2007.

Ensino de ortografia: a contribuição dos livros didáticos é o terceiro texto, de Costa Val, Martins e Silva, que analisa três coleções de livros didáticos, contemplando atividades de ortografia destinadas às 1ª, 2ª, 3ª e 5ª séries do antigo ensino fundamental de oito anos. O objetivo é, mantendo o olhar crítico, destacar atividades que podem favorecer a construção do conhecimento ortográfico.

O trabalho seguinte, *Conhecimentos linguísticos na escola: como os livros didáticos vêm caminhando nesse terreno nebuloso?*, de Bunzen, faz um retrospecto do tratamento dado ao ensino dos conhecimentos linguísticos no Brasil, passando por atividades que contemplam conteúdos e abordagem tradicionais até exemplos de tratamento de questões textuais e discursivas, em livros destinados às quatro primeiras séries do antigo EF. Nessa trajetória, aponta discussões acadêmicas e documentos oficiais importantes, analisando seus impactos nos LD. A conclusão é: o ensino dos conhecimentos linguísticos, apesar dos avanços constatados, ainda é um "terreno nebuloso".

O quinto artigo, de Marinho, intitulado *O trabalho com a conexão no livro didático de língua portuguesa*, analisa como duas coleções de 5ª a 8ª séries abordam a "conexão" – processo pelo qual podemos sinalizar e compreender a articulação entre unidades textuais de diferentes níveis (orações, períodos, parágrafos, sequências e partes do texto), por meio do uso de conjunções, pronomes relativos, advérbios e preposições.

Marcuschi e Leal, no artigo *Produção de textos escritos: o que nos ensinam os livros didáticos do PNLD 2007*, reveem a trajetória do tratamento da escrita na escola, desde os anos 50 do século XX até os dias atuais, analisando bons exemplos de atividades de livros de alfabetização e de língua portuguesa (1ª a 4ª) que tomam a produção de texto como processo interlocutivo. São exemplos que levam em conta os objetivos, os futuros leitores, o modo como o texto chegará até eles, e que orientam o aluno a realizar, recursivamente, as operações de planejar, revisar e reelaborar seus escritos.

O sétimo artigo foi escrito por Cafiero e Corrêa e leva como título *A abordagem de textos literários em livros didáticos de língua portuguesa de 5ª a 8ª séries*. Analisando seis coleções, os autores verificam o espaço e o tratamento dados ao texto literário e formulam um quadro síntese de estratégias de abordagem desses textos que podem contribuir para formação de alunos leitores de literatura.

O capítulo que encerra o livro trata de uma novidade que começa a marcar presença nos LD. Considerando *O livro didático como agente de letramento digital*, Coscarelli e Santos analisam oito coleções didáticas, selecionando exemplos de livros que vão da 1ª até a 8ª série. Tudo isso para nos convencer de que o trabalho com o universo digital, nas obras didáticas, deve "quebrar medos e resistências, despertar curiosidades, abrir novas janelas". Se a cultura contemporânea veleja no inescapável *"infomar"*, os LD – e sobretudo as escolas – precisam dar aos alunos o direito de *entrar na rede, promover debates, juntar-se via Internet, aproveitando a vazante da infomaré*, como diria Gilberto Gil.

Assim, desejamos este livro seja útil àqueles que se dedicam ou pretendem se dedicar ao trabalho de desenvolver o conhecimento linguístico oral e escrito dos alunos, empenhando-se em sua alfabetização e na ampliação de seu letramento.

Sobre o PNLD

Maria da Graça Costa Val

Histórico e princípios gerais

O Programa Nacional do Livro Didático (PNLD) é parte das políticas públicas de educação desenvolvidas pelo MEC. Seu objetivo é a distribuição gratuita de livros didáticos (LD) para todos os alunos das escolas públicas do ensino fundamental (EF) no Brasil.

De acordo com Batista (2001), o Programa tem origem nas ações da antiga da Fundação de Assistência ao Estudante (FAE) e tomou formato aproximado de sua versão atual em 1985. Só a partir de 1996 teve início a avaliação pedagógica das obras didáticas, com o objetivo de assegurar a qualidade dos livros disponibilizados pelo MEC/FNDE para a escolha dos professores das redes públicas do País. Desde 2000, essa avaliação passou a ser desenvolvida por diferentes instituições universitárias, cada uma encarregando-se de uma das áreas do conhecimento que compõem o currículo do ensino fundamental (com exceção de língua estrangeira): ciências, geografia, história, língua portuguesa e matemática.

No caso de língua portuguesa, que inclui a área de alfabetização, a análise das obras didáticas vem sendo realizada pelo Centro de Alfabetização, Leitura e Escrita (Ceale/FaE/UFMG) da Faculdade de Educação da UFMG.

A avaliação, evidentemente, precede a aquisição e a distribuição dos livros pelo MEC/FNDE. Assim, a análise realizada em 1996 incidiu sobre os livros de alfabetização e de 1ª a 4ª série do ensino fundamental que chegaram às salas de aula em 1997. Cada edição do Programa tem o nome do ano em que as obras didáticas chegam às escolas. Esse foi, portanto, o PNLD 1997.

Os LD oferecidos aos alunos são renovados de três em três anos, alternando-se a oferta de livros destinados a cada um dos segmentos do ensino fundamental (1ª a 4ª séries e 5ª a 8ª séries)[1]. Nas áreas de alfabetização e língua portuguesa, tem-se então, por exemplo:

- PNLD 2004 – Alfabetização e língua portuguesa (1ª a 4ª séries);
- PNLD 2005 – Língua portuguesa (5ª a 8ª séries);
- PNLD 2007 – Alfabetização e língua portuguesa (1ª a 4ª séries);
- PNLD 2008 – Língua portuguesa (5ª a 8ª séries).

Um semestre antes da chegada dos livros, o MEC/FNDE entrega às escolas o *Guia de livros didáticos*, que tem o objetivo de auxiliar os professores na escolha dos LD. Esse *Guia* se compõe de uma introdução que explicita os critérios avaliativos, sugere procedimentos para a escolha,[2] apresenta resenhas que analisam os livros aprovados e torna pública a ficha de avaliação das obras.

Na avaliação dos LD há critérios eliminatórios comuns a todas as áreas, e também critérios classificatórios específicos a cada uma delas, que são explicitados no Edital, no *Guia* e na Ficha de Avaliação.[3] Os critérios eliminatórios são: correção dos conceitos

---

[1] Como a implantação do ensino fundamental de nove anos alterou essa organização em dois segmentos, o PNLD também passou a se organizar de maneira diferente, a partir da edição de 2010.

[2] Ver Rangel (2006).

[3] Esses documentos podem ser acessados no site do FNDE: <www.fnde.gov.br>.

e informações básicas; coerência e adequação metodológicas; obediência à legislação que define preceitos éticos relativos à convivência democrática e plural.

Critérios classificatórios específicos das áreas de alfabetização e língua portuguesa[4]

Em linhas gerais, são coincidentes os critérios fundamentais que orientaram a avaliação dos livros didáticos nas edições 2007 e 2008 do PNLD, quanto aos objetos de ensino e aos princípios teórico-metodológicos que sustentam sua abordagem. Na área de língua portuguesa, de 1ª a 4ª e de 5ª a 8ª séries, assim como na alfabetização, foram adotados os mesmos critérios classificatórios relativos à coletânea de textos e ao trabalho com quatro componentes do ensino da língua: leitura, produção escrita, compreensão e produção de textos orais e conhecimentos linguísticos. Na área de alfabetização, acrescenta-se o componente que lhe é específico: a apropriação do sistema de escrita do português.

Os princípios gerais que vêm orientando a avaliação nas duas áreas tomam como base os objetivos centrais do ensino de língua portuguesa, que, em linhas gerais, são assim definidos nos *Guias*, desde o PNLD 2002:

- **O processo de apropriação e de desenvolvimento**, pelo aluno, **da linguagem escrita e da linguagem oral** – especialmente das formas que circulam em espaços públicos e formais de comunicação;
- **O domínio das variedades urbanas de prestígio**,[5] escritas e orais;

---

[4] Para maior detalhamento, ver as fichas de avaliação nos *Guias* dos PNLD 2007 e 2008, e nos anexos deste livro.

[5] Em substituição à expressão "norma culta", *normas urbanas de prestígio* é um termo técnico recente, introduzido para designar os falares urbanos que, numa comunidade linguística como a dos falantes de português do Brasil, desfrutam de maior prestígio político, social e cultural e, por isso mesmo, estão mais associados à escrita, à tradição literária e a instituições como o Estado, a escola, as igrejas e a imprensa.

- O desenvolvimento de atitudes, competências e habilidades envolvidas na compreensão da variação linguística e no convívio com a diversidade dialetal, de forma a evitar o preconceito e a valorizar as diferentes possibilidades de expressão linguística;
- **A prática de análise e reflexão sobre a língua,** na medida em que se fizer necessária ao desenvolvimento da linguagem oral e escrita, em compreensão e produção de textos.

O *Guia* do PNLD 2008 (língua portuguesa de 5ª a 8ª) acrescentou um item relativo à fruição literária:

- **A fruição estética e a apreciação crítica da produção literária** associada à língua portuguesa, em especial a da literatura brasileira.

No Guia específico da área, o **processo de alfabetização** é concebido como "construção do conhecimento sobre o sistema alfabético-ortográfico da língua materna", devendo propiciar aos aprendizes análise e reflexão sobre: (a) as propriedades sonoras da fala em sua relação com as convenções gráficas da escrita; (b) as relações de regularidade ou de irregularidade entre os sons da fala e os diferentes grafemas usados na escrita (em seus diversos formatos de letras – de fôrma, cursiva, maiúsculas, minúsculas); (c) as segmentações de palavras (sílabas, letras e fonemas), frases e porções de textos.

Todo o trabalho em alfabetização e língua portuguesa, postulam os *Guias*, não deve se desligar dos usos da língua escrita. As práticas de uso da linguagem – leitura, produção de textos escritos e produção e compreensão de textos orais –, em situações contextualizadas, devem ser prioritárias nas propostas dos livros didáticos. A reflexão sobre a língua e a linguagem e a descrição gramatical – respeitando-se as especificidades da alfabetização – devem se exercer sobre os textos e discursos, na medida em que se façam necessárias e significativas para a (re)construção dos sentidos.

Os critérios classificatórios das duas áreas, no PNLD 2007 e no 2008, partem dos princípios descritos e podem ser resumidos como se faz a seguir.

Como os **textos presentes no livro didático** podem ser o único meio de acesso ao mundo da escrita para muitas crianças brasileiras, os *Guias* recomendam que o LD ofereça uma coletânea de qualidade e representativa dos textos em circulação social, adequados ao nível de ensino a que se destina.

Para colaborar com o desenvolvimento da proficiência do aluno em **leitura**, as atividades de exploração de texto propostas nos LD devem:

- encarar a **leitura como uma situação efetiva de interlocução leitor/autor**, situando a prática de leitura em seu universo de uso social;
- colaborar para a **reconstrução dos sentidos do texto pelo leitor**, não se restringindo à localização linear de informações;
- explorar as **propriedades discursivas e textuais** em jogo, subsidiando esse trabalho com os instrumentos metodológicos apropriados;
- contribuir para o desenvolvimento de **estratégias e capacidades** inerentes à proficiência que se pretende levar o aluno a atingir;
- solicitar do aluno **apreciações de valor**, no campo ético, moral, estético e afetivo, de maneira a contribuir para a formação de um **leitor crítico**.

Já as atividades de **produção de texto** devem visar ao desenvolvimento da proficiência da criança em escrita

- explicitando as condições de produção e circulação do texto, tal como ocorre no uso social da escrita;
- propondo a escrita de diversos gêneros e tipos, não apenas sugerindo o tema, mas cuidando também de suas características discursivas e textuais (as informações a ser incluídas, o tipo de linguagem, a forma,
- o tamanho e a disposição gráfica mais apropriados para o cumprimento das intenções comunicativas do autor);
- orientando o processo e as estratégias de elaboração textual – planejamento, revisão e reelaboração do texto.

Os *Guias 2007* e *2008* explicitam que o trabalho com os **conhecimentos linguísticos**, deve orientar a reflexão sobre aspectos da língua e da linguagem de modo a contribuir para o desenvolvimento da proficiência oral e escrita do aluno. Os critérios de avaliação das propostas didáticas definem que, além de propiciar a reflexão e a construção de conceitos, as atividades devem estar relacionadas a situações de uso, considerar e respeitar a diversidade linguística e subsidiar o aprendizado dos gêneros e tipos textuais.

As propostas relativas à **linguagem oral** nos livros didáticos, além de favorecer a interação verbal entre alunos e professor, devem tomá-la como objeto de ensino, segundo os *Guias 2007* e *2008*. Isso significa: (a) favorecer a aprendizagem de gêneros orais que o aluno ainda não domina – aqueles usados em situações formais e/ou públicas; (b) explorar as diferenças e semelhanças entre as diversas formas da linguagem oral e da escrita; (c) valorizar e trabalhar a heterogeneidade linguística, introduzindo as normas associadas ao uso público ou formal da linguagem oral, sem silenciar ou menosprezar as variedades, regionais, sociais e estilísticas.

Constatações gerais da avaliação

No PNLD 2007, 52 livros de alfabetização foram avaliados e 47 foram aprovados. Entre as coleções de língua portuguesa de 1ª a 4ª, houve 43 avaliadas e 37 recomendadas. Já o PNLD 2008 avaliou 33 coleções de língua portuguesa de 5ª a 8ª e aprovou 24.

Em geral, no PNLD 2007 e no 2008, a avaliação constatou dois pontos em comum nas obras aprovadas:

- a qualidade da seleção textual, com textos significativos, de diferentes tipos e gêneros, representativos dos vários campos sociais de circulação da escrita;
- a limitação do tratamento dado à linguagem oral, reduzido ao favorecimento da fala em sala de aula, sem abordar as situações formais de uso da linguagem oral dentro e fora do espaço escolar.

O incremento na qualidade da coletânea vinha sendo observado em edições anteriores do PNLD. Já o trabalho com linguagem oral apresenta algumas especificidades, nas obras destinadas a cada nível de escolaridade. Nos livros de alfabetização, a presença de parlendas, cantigas, adivinhas, trava-línguas favorece a reflexão sobre as relações entre fala e escrita. Algumas coleções de língua portuguesa fogem do padrão de tratamento da oralidade apontado acima.

Os resultados referentes aos outros eixos de ensino são bastante diferenciados entre os conjuntos de obras didáticas (livros de alfabetização, língua portuguesa de 1ª a 4ª e língua portuguesa de 5ª a 8ª) e também no interior de cada conjunto. Por isso, não serão detalhados nos limites deste texto. Os interessados nesses resultados poderão conhecê-los pela leitura da parte introdutória dos *Guias*.

Descrição e classificação das obras aprovadas no PNLD 2007 e no 2008

Os *Guias* de alfabetização e de língua portuguesa de 2007 introduziram uma inovação na apresentação das obras aprovadas, que foi mantida no *Guia 2008*. Trata-se da classificação das obras conforme sua organização e o tratamento metodológico que dão aos objetos de ensino.

A classificação por abordagem metodológica foi adotada nos *Guias* a partir de quatro tendências identificadas nas obras aprovadas. Essas tendências são assim descritas no *Guia* do PNLD 2008:

- **Vivência:** O tratamento didático dado a um conteúdo curricular é vivencial quando investe na ideia de que o aluno o aprende vivenciando situações escolares em que esse conteúdo está diretamente envolvido.

  É o que se verifica, por exemplo, em atividades que apostam na ideia de que "é lendo que se aprende a ler". Bons resultados, nessa perspectiva, pressupõem que alunos e professores saibam quais objetos de ensino-aprendizagem estão propostos, e possam reconhecê-los a cada passo. Caso contrário, essa opção didática pode se tornar contraproducente: se o professor não sabe o que está ensinando e o aluno não sabe o que está aprendendo, o processo tende a se tornar dispersivo e não conquistar o necessário envolvimento do aluno.

- **Transmissão**: A metodologia é transmissiva quando a proposta de ensino acredita que a aprendizagem de um determinado conteúdo deve se dar como assimilação, pelo aluno, de informações, noções e conceitos, organizados logicamente pelo professor e/ou pelos materiais didáticos adotados. Este é o caso do ensino de gramática que se dá por meio da definição de conceitos e regras, seguida de exemplos e exercícios de aplicação. Bons resultados, nesse tipo de abordagem, exigem uma organização rigorosamente lógica da matéria e, sobretudo, uma adequada transposição didática de informações, noções e conceitos, que leve em conta o patamar de conhecimentos e as possibilidades dos alunos.

- **Uso situado**: Dizemos que o tratamento didático de um determinado conteúdo recorre ao uso situado quando o ensino parte de um uso socialmente contextualizado desse conteúdo. É o que acontece quando se aprende a escrever um relato de viagem tomando como referência situações sociais em que faz sentido escrever um texto desse gênero. A eficácia de uma abordagem metodológica como esta pressupõe que os "usos" selecionados como referência sejam socialmente autênticos e adequadamente "situados".

- **Construção/Reflexão**: A metodologia pode ser considerada construtivo-reflexiva se o tratamento didático do conteúdo leva o aprendiz a, num primeiro momento, refletir sobre certos dados ou fatos, para posteriormente inferir, com base em análise devidamente orientada pelo professor e/ou pelo material didático, o conhecimento em questão. A eficácia desta alternativa demanda uma organização, tanto de cada atividade considerada isoladamente, quanto da sequência proposta, que reproduza o movimento "natural" da aprendizagem. O processo deve possibilitar que o próprio aluno seja capaz de sistematizar os conhecimentos construídos, demonstrando que sabe o que aprendeu. Assim, se consideramos que a aprendizagem da escrita procede da apreensão das funções sociais e do plano seqüencial de um gênero para o domínio de alguns mecanismos típicos de coesão e coerência, este deverá ser, também, o percurso de ensino proposto.

Essas tendências metodológicas não apareceram de forma exclusiva numa obra didática.

Os livros de alfabetização, em geral, não podem ser qualificados como modelo de práticas exclusivamente reflexivas ou transmissivas (cf. *Guia 2007*). Um livro pode orientar-se por princípios metodológicos diferenciados na abordagem do sistema de escrita, da leitura ou da produção textual. Por exemplo: uma abordagem transmissiva no estudo do sistema de escrita aliada a um trabalho contextualizado e reflexivo em leitura e produção de textos. A adoção, a combinação ou ênfase dada a esses princípios metodológicos resultam em modelos de trabalho diferenciados para o ensino da escrita e da leitura.

Por isso, na classificação dos livros de alfabetização, foi acrescentado um critério metodológico específico, referente ao espaço dado às atividades voltadas para a apropriação do sistema de escrita e àquelas voltadas para o letramento (leitura e escrita de textos). Algumas obras trataram equilibradamente esses componentes; outras dão mais atenção a um ou outro deles. Em função dessas diferenças, no *Guia*, essas obras foram agrupadas em três blocos:

Alfabetização 2007 – 47 obras aprovadas

- **Bloco 1** – Livros que abordam de forma desigual os diferentes componentes da alfabetização e do letramento (21).

- **Bloco 2** – Livros que abordam de forma equilibrada os diferentes componentes da alfabetização e do letramento (16).

- **Bloco 3** – Livros que privilegiam a abordagem da apropriação do sistema de escrita (10).

Nas coleções de língua portuguesa (1ª a 4ª), segundo o *Guia 2007*, também é comum que uma das quatro tendências metodológicas (vivência, uso situado, transmissão e construção/reflexão) se faça mais presente em um campo do ensino do que em outro. As propostas de uso situado foram mais frequentemente ligadas à leitura e à produção de textos (escritos ou orais). Já a abordagem dos conhecimentos linguísticos, em geral, apresentou variação segundo o objeto de ensino: o estudo da gramática mais ligado à tradição (identificação e classificação de formas linguísticas como *substantivo, verbo, diminutivo, sufixo* etc.) foi, quase sempre, abordado maneira transmissiva, ao passo que o ensino-aprendizagem da ortografia recebeu, em geral, tratamento reflexivo. Os conhecimentos relativos aos aspectos textuais e discursivos, frequentemente localizados nas atividades de estudo do texto, foram mais abordados por metodologia reflexiva, embora haja casos de abordagem transmissiva no estudo da forma dos gêneros textuais e de elementos ligados à coesão, como pronomes, pontuação, paragrafação, ou a aspectos enunciativos, como discurso direto e indireto. Já quanto à linguagem oral, a maioria das coleções apostou na "vivência", propondo atividades de uso da fala em sala de aula (ou, no máximo, solicitando a realização de gêneros como o jornal falado, sem orientar os alunos sobre como fazê-lo). Nas poucas situações em que uma ou outra coleção propôs atividades com um gênero oral público, por exemplo, o debate regrado – como os que ocorrem entre candidatos, nas campanhas eleitorais – a tendência foi a abordagem transmissiva.

Com relação a língua portuguesa de 5ª a 8ª séries, o *Guia 2008* ressalta que é possível encontrar coleções "que investem de forma mais consistente numa opção de base reflexivo-construtiva, combinada à vivência e/ou ao uso situado (em leitura, produção escrita e linguagem oral), ou à transmissão [...] na apresentação e/ou sistematização de noções, conceitos e categorias, em qualquer um dos quatro conteúdos curriculares básicos.

O outro critério de classificação das obras didáticas nos *Guias* de 2007 e 2008 diz respeito às formas de organização.

Entre os livros de alfabetização, foi difícil definir com nitidez os modos de organização, porque muitos deles não são regulados por um critério único. Em algumas obras os critérios são combinados, ora de maneira simultânea, ora predominando um em determinada parte ou eixo de ensino. O dado importante é que predomina a organização por temas – com exclusividade ou combinada com o estudo de um ou outro gênero. Por isso, a forma de organização não foi o princípio de classificação adotado no *Guia* para constituir os blocos de resenhas.[6] Apresentamos a seguir a classificação que foi possível delinear.

Alfabetização 2007 – 47 obras aprovadas

- Livros organizados por unidades temáticas (25).
- Livros que alternam temas e gêneros nas unidades (14).
- Livros organizados por textos avulsos seguidos de atividades diversas (02).
- Livros que apresentam projetos temáticos (01).

Nos *Guias* relativos às coleções de língua portuguesa, de 2007 e 2008, foi a forma de organização que definiu o agrupamento das coleções em blocos.

As coleções de Língua Portuguesa de 1ª a 4ª (PNLD 2007) foram agrupadas em cinco blocos:

Língua portuguesa (1ª a 4ª) – 37 obras aprovadas

- **Bloco 1** – Coleções organizadas por tema (13).
- **Bloco 2** – Coleções organizadas por temas associados a gêneros ou tipos de texto (12).
- **Bloco 3** – Coleções que apresentam projetos temáticos (05).
- **Bloco 4** – Coleções organizadas com base em textos (04)
- **Bloco 5** – Coleções modulares, organizadas por eixos de ensino (03).

As coleções de língua portuguesa (5ª a 8ª) também são reunidas em cinco blocos:

Língua portuguesa (5ª a 8ª) – 24 obras aprovadas

- **Bloco 1** – Coleções organizadas por temas (12).

---

[6] No *Guia* de livros de alfabetização, lembramos, os blocos foram definidos segundo: (a) o privilégio dado a um dos componentes do ensino (apropriação do sistema de escrita e leitura/produção de textos escritos), ou (b) o equilíbrio no tratamento deles.

- **Bloco 2** – Coleções organizadas por temas associados a gêneros (02).
- **Bloco 3** – Coleções organizadas por tópicos linguísticos (02).
- **Bloco 4** – Coleções organizadas por projetos temáticos (04).
- **Bloco 5** – Coleções organizadas por projetos relacionados a gêneros (04).

Entre 2007 e 2008, há coincidência no número de blocos e na definição de alguns deles, mas há também divergências, que respondem às especificidades do ensino-aprendizagem de língua portuguesa no primeiro e no segundo segmento do antigo ensino fundamental de 8 anos.

As coleções de 1ª a 4ª agrupadas no bloco 4 são organizadas com base em textos, tendo, portanto o mesmo perfil dos livros de alfabetização que se estruturam por textos avulsos seguidos de atividades diversas.

Entre as obras destinadas às primeiras séries encontram-se coleções modulares, cada módulo tratando de um campo do ensino: por exemplo, de um lado, o trabalho com texto, em leitura e produção; do outro, o trabalho com os conhecimentos linguísticos (gramática e ortografia). Já entre as coleções de 5ª a 8ª há duas obras que se organizam por tópicos linguísticos que não dizem respeito à gramática, mas a conhecimentos de natureza textual e discursiva. Além disso, entre as coleções do primeiro segmento, há cinco que se organizam por projetos temáticos, ao passo que, entre as do segundo segmento, há oito estruturadas por projetos – quatro por projetos temáticos e quatro por projetos relacionados a gêneros textuais.

O que se pode concluir é que no ensino-aprendizagem de português, da Alfabetização até a 8ª série do ensino fundamental, predomina nos livros didáticos a organização por temas – ora associados a gêneros, ora desenvolvidos em projetos. Esse tipo de organização parece ser preferido pelos professores, porque imprime ao trabalho um efeito unificador e, ao mesmo tempo, delimitador: 'estudamos esse tema, agora passamos a outra etapa, explorando ou tema'. Esse tipo de organização provavelmente vem substituir a sequência antes definida pelos métodos, na alfabetização, e pelos conteúdos gramaticais, em língua portuguesa, de modo a resgatar a ordenação e a progressão das práticas escolares. No entanto, os gêneros textuais, como sugerido nos PCN e nos critérios do PNLD, vão se constituindo como objeto de ensino com força organizadora para o trabalho docente e para o sequenciamento da aprendizagem.

Impactos do PNLD

A análise pedagógica dos livros didáticos instituída pelo MEC vem sendo desenvolvida, desde 1996, com periodicidade constante; consistência e rigor na definição e aplicação dos critérios; transparência na sua realização, por meio da disponibilização pública dos documentos que a constituem (o Edital, que define previamente os critérios, e o *Guia*, que expõe e explica o processo de avaliação e seus resultados).

Esse trabalho tem tido impactos positivos inegáveis na produção de obras didáticas no Brasil, provocando mudanças na construção e no tratamento de objetos de ensino.

A série histórica da avaliação na área de língua portuguesa, do PNLD 1997 até o PNLD 2008, produzida por Roxo (2009), evidencia a influência decisiva do Programa no incremento da qualidade dos livros didáticos.

Segundo Batista (2001, 2003), o PNLD, envolvendo diferentes segmentos sociais no debate educacional, gerou "um *consenso* em torno de seu papel fundamental para construir, com a comunidade escolar e universitária e com as editoras envolvidas no esforço de melhoria dos materiais didáticos, um novo padrão de qualidade para o livro escolar". Para o autor, com livros de melhor qualidade nas escolas, o PNLD contribui para um ensino de melhor qualidade, criando condições adequadas para a renovação das práticas de ensino nas escolas.

Não se dispõe, no momento, de dados confiáveis e atualizados que nos permitam saber em que medida os livros distribuídos pelo Ministério da Educação são efetivamente utilizados nas escolas nem quais são as formas de uso exercidas pelos professores. A despeito da hipótese de que seja menor e menos adequado que o desejável o uso dos LD na rede pública de ensino, não se pode negar o potencial de mudanças positivas que a oferta de material didático de qualidade representa. Embora não suficiente, esse é um elemento constitutivo da almejada melhoria geral do ensino.

Em contraponto, Batista (2003, p. 59) aponta como negativo o "processo de uniformização pedagógica e editorial" desencadeado pelo PNLD. Essa advertência mantém ainda hoje sua consistência, mas é preciso reconhecer que autores e editores vêm conseguindo encontrar novas formas e dar corpo a novas tendências. O olhar que o PNLD 2007 e o 2008 lançaram sobre as obras, permitiu enxergar, por um lado, predominância de uma forma de organização (por unidades temáticas), mas fez ver também, por outro lado, a mescla heterogênea das abordagens metodológicas e a presença, ainda que minoritária, de organizações e abordagens divergentes do "modelo". Assim, a força da padronização convive com o dinamismo das estratégias de editores e autores em competição no mercado (cf. BUNZEN, 2009, neste volume), da renovação dos quadros teóricos e, sobretudo, de mudanças socioculturais (cf. COSCARELLI e SANTOS, 2009, também neste volume). Nessa balança, pesam mais os impactos positivos do Programa, amplamente reconhecidos.

Capítulo 1
LIVROS DE ALFABETIZAÇÃO:
COMO AS MUDANÇAS APARECEM?

Andréa Tereza Brito Ferreira
Eliana Borges Albuquerque
Ana Catarina Cabral
Ana Cláudia Tavares

Quando pensamos em livros didáticos de alfabetização imediatamente nos vêm à cabeça aquelas cartilhas que alfabetizaram centenas de pessoas, vinculadas aos considerados "tradicionais" métodos de alfabetização. Por muito tempo, esses livros eram o único ou principal material utilizado para o ensino da leitura e escrita. Os professores os utilizavam diariamente, e as crianças, a cada semana, repetiam as mesmas atividades vinculadas às letras, sílabas ou/e palavras aprendidas.

Na década de 1980, as práticas tradicionais de alfabetização e os livros didáticos a elas vinculados, passaram a ser amplamente criticados, uma vez que continham textos forjados (os "pseudotextos") e atividades que, de certa forma, destruíam a língua, reduzindo, equivocadamente, a iniciação da criança no mundo da escrita às tarefas de "codificar" e "decodificar" palavras tolas ou estranhas, sem qualquer propósito comunicativo.

Morais e Albuquerque (2004), com base na análise de três cartilhas, duas silábicas e uma fônica, constataram que as atividades presentes nesses livros correspondiam principalmente à leitura de sílabas, palavras e textos "cartilhados"; cópia de sílabas, palavras e frases, além da exploração de diferentes tipos de letras. Essas atividades, segundo os autores, se relacionavam a uma perspectiva empirista/associacionista de aprendizagem, que concebe a escrita como código, que deveria ser aprendido por meio da memorização de letras, fonemas e sílabas, o que não contribui para que os alunos reflitam sobre os princípios do *sistema de escrita alfabética (SEA)*. Por outro lado, pelo artificialismo dos textos que os alunos eram solicitados a ler, as cartilhas impediam que eles convivessem com a linguagem própria dos gêneros escritos que circulavam na sociedade.

No caso da alfabetização, as primeiras obras avaliadas pelo PNLD eram cartilhas tradicionais, que depois foram substituídas pelos "livros de alfabetização". Entre os princípios gerais que têm norteado a análise desde então ressalta-se que o processo de aquisição da língua escrita "não deve ser considerado apenas como um processo de aquisição de uma 'mecânica', isto é, da codificação de fonemas em grafemas[1] e da decodificação de grafemas em fonemas, mas deve ser entendido prioritariamente como um processo de aquisição e desenvolvimento de habilidades de comunicação e interação por meio da leitura e da produção de textos escritos" (*Guia de livros didáticos* PNLD 2000/2001, Princípios gerais da área de língua portuguesa e alfabetização).

Entendemos o livro didático como uma instância de institucionalização dos conhecimentos escolares. O que significa isso? Acontece que a escolha do que vai ser ensinado na escola não é um processo simples e "natural". Em primeiro lugar, porque há muitos objetos de conhecimento, de diferentes naturezas, que poderiam ser considerados importantes para ser preservados e, por isso, ensinados às novas gerações. Por exemplo: por que não se ensina astrologia na escola? Em segundo, mesmo com relação aos objetos de conhecimento escolhidos como os que merecem ser incluídos no patrimônio científico da humanidade e, por isso, ensinados às crianças e aos jovens, há diferentes teorias, diferentes maneiras de entendê-los e explicá-los e só uma, ou

---

[1] Ver glossário no final do livro.

algumas, fazem parte dos currículos escolares. Por exemplo, a biologia escolar ignora o saber popular (principalmente o dos índios) sobre o poder curativo das plantas. Por quê? Na verdade, a "institucionalização" dos conhecimentos – escolares e acadêmicos – é o resultado de disputas acirradas entre os que detêm algum saber. Os saberes ensinados nas escolas e universidades são os que angariaram maior prestígio entre os aqueles que têm poder de decisão no campo científico e educacional. Por isso é que podemos dizer que os livros didáticos, assim como as propostas curriculares, entre outros agentes, são instâncias que institucionalizam o que deve e o que não ser ensinado nas escolas.

Assim, sabendo da presença dos livros didáticos na maioria das salas de aula do País, o nosso trabalho tem como objetivo analisar as mudanças didáticas e pedagógicas nos livros de alfabetização, tendo como foco a comparação das versões aprovadas no PNLD/2004 e no PNLD/2007.

Mudanças nos livros de alfabetização: o que as pesquisas têm revelado?

As mudanças nos livros didáticos se relacionam, entre outros aspectos, com as alterações ocorridas no campo da produção dos saberes acadêmicos e escolares. A partir da década de 1980, novas concepções relacionadas ao ensino da leitura e escrita passaram a ser divulgadas e/ou produzidas no Brasil. No que se refere à alfabetização especificamente, foram muito importantes as contribuições dos estudos sobre a psicogênese da língua escrita, desenvolvidos por Emília Ferreiro e Ana Teberosky (1984). Para essas autoras, as crianças se apropriam do sistema alfabético de escrita através de um processo construtivo de interação com a escrita – em práticas sociais realizadas em diferentes contextos significativos. Nesse processo, as autoras constataram que os sujeitos – crianças ou adultos – elaboram hipóteses sobre o que a escrita representa e como ela representa e, na evolução dessas hipóteses, se apropriam da escrita.

Já na década de 1990, outra discussão ganhou força em nosso país: a consideração do ensino da leitura e da escrita como práticas de letramento. Soares (1998) faz distinção entre os termos alfabetização e letramento: o primeiro corresponderia à ação de ensinar/aprender a ler e a escrever, enquanto o segundo é visto como o estado ou a condição de quem não apenas sabe ler e escrever, mas cultiva e exerce as práticas sociais que usam a escrita. Segundo a autora, "alfabetizar e letrar são duas ações distintas, mas não inseparáveis, ao contrário: o ideal seria alfabetizar letrando, ou seja: ensinar a ler e escrever no contexto das práticas sociais da leitura e da escrita, de modo que o indivíduo se tornasse, ao mesmo tempo, alfabetizado e letrado" (p. 47).

Os estudos sobre a relação entre consciência fonológica e alfabetização também têm contribuído para a discussão sobre o ensino da leitura e da escrita. Como abordado por Morais e Leite (2005), o desenvolvimento de distintas habilidades de análise fonológica não se dá de modo uniforme no desenvolvimento infantil e nem todas as habilidades fonológicas são necessárias ao processo de alfabetização. No entanto, para o aluno se apropriar do SEA, é imprescindível que ele compreenda que a escrita representa/nota a pauta sonora das palavras e que essa notação se dá por meio da relação fonema-grafema. Assim, diversas atividades fonológicas podem contribuir para essa compreensão, como a contagem de sílabas nas palavras, a comparação de palavras quanto à presença de sílabas iguais, a identificação de palavras que contenham o mesmo som, a exploração de rimas etc.

Diante das inovações teóricas no campo da alfabetização e da própria implantação da análise pedagógica do PNLD, os livros didáticos de alfabetização têm passado por alterações e avaliações. No entanto, os professores, no geral, não têm usado esses "novos" livros.

Diversas pesquisas foram desenvolvidas com o objetivo de avaliar o uso que os professores têm feito dos novos livros de alfabetização. Bregunci e Silva (2002) desenvolveram uma pesquisa em 24 escolas de onze estados do Brasil, para avaliar as tendências nos processos de escolha e recebimento dos livros pelas escolas, procurando elucidar as relações estabelecidas pelos professores com esses livros. As autoras perceberam que, para um grande número de professores, os livros disponibilizados após a implantação do PNLD eram considerados melhores do que os distribuídos e utilizados anteriormente, pois, como relataram os próprios docentes, os novos materiais apresentavam conteúdos integrados e uma abordagem interdisciplinar ou conteúdos mais criativos, próximos à realidade dos alunos. Por outro lado, as pesquisadoras destacaram que, para muitos professores, os livros mais bem avaliados (que receberam a menção "Recomendados") não atendiam à sua clientela por trazerem textos longos e complexos, "feitos para crianças que já sabiam ler". São obras reconhecidas como "boas em si mesmas [...] mas difíceis de serem seguidas..." Em geral, nesses casos, os professores recorriam a livros que já haviam utilizado anteriormente para buscar textos menores e exercícios mais acessíveis, mais claros e mais fáceis para os alunos.

Silva (2003, 2005) investigou o discurso das professoras sobre o uso dos livros didáticos recomendados pelo PNLD e constatou que, no geral, elas também tinham dificuldades em usar esses livros e os trocavam por outros mais antigos que possuíam, pois sentiam dificuldades em utilizar os novos livros para alfabetizar, principalmente porque apresentavam textos complexos e longos. Assim, prefeririam livros com textos curtos e com os quais já estavam acostumadas a trabalhar.

Por que os professores apresentavam resistência ao uso dos "novos" livros de alfabetização?

Morais e Albuquerque (2004), ao examinar livros didáticos de alfabetização "recomendados" ou "recomendados com ressalvas"[2]

---

[2] Nunca houve livros de alfabetização avaliados que tenham recebido a menção "recomendados com distinção".

pelo PNLD/2004, constataram a adesão de seus autores, no plano do discurso, às mais recentes perspectivas teóricas nas áreas de linguística e psicologia. Assim, nos manuais do professor, os novos livros se declaravam construtivistas ou socioconstrutivistas e faziam referências explícitas ao papel da diversidade textual e da imersão no mundo letrado desde o início da escolarização, no processo de alfabetização.

Morais e Albuquerque (2004) perceberam ainda que a mudança mais visível nos novos livros de alfabetização dizia respeito à diversidade textual da coletânea, presente inclusive nos livros recomendados com ressalvas. No geral, os livros traziam textos representativos de gêneros variados, como bilhete, instrução de jogo, poesia, conto de fadas, reportagem, receita, verbete de enciclopédia, trava-línguas, cartaz publicitário, notícia de jornal etc. Nesse sentido, foi constatada uma diferença significativa entre os "novos" livros e as cartilhas tradicionais, que, quando apresentavam textos diferentes daqueles classificados como "pseudotextos", o faziam nas últimas lições, quando, supostamente, os alunos já teriam memorizado todas as correspondências grafofônicas (entre as letras e os sons que elas representam) e, portanto, seriam capazes de ler. Quanto ao ensino do sistema de escrita alfabética (SEA), os pesquisadores verificaram que os livros têm deixado a desejar tanto em relação ao número de atividades, quanto à natureza delas. As atividades dos livros analisados envolviam, no geral, a "palavra" ou letras como unidades principais e não promoviam a reflexão linguística dos alunos. Por exemplo: eram pouquíssimos os exercícios como a identificação ou produção de rimas e aliterações, que propiciam às crianças o desenvolvimento da consciência fonológica.

A partir dos resultados dessa pesquisa, é possível entender o porquê de muitos professores acharem que os novos livros não alfabetizam. Na realidade, eles sentem a falta de um trabalho mais sistemático voltado para o eixo da "alfabetização", isto é, voltado para noções linguísticas indispensáveis, como a relação entre os sons da cadeia da fala e as letras que os representam na escrita; as sílabas e sua estrutura – desde a mais regular (a chamada "canônica"), constituída de vogal e consoante, até as mais complexas, que envolvem dígrafos, encontros consonantais, encontros vocálicos etc. Assim, alguns docentes preferem não usar os livros que têm chegado às escolas e buscam desenvolver suas práticas de alfabetização com o apoio de outros livros e materiais.

Em nossa pesquisa, analisamos mudanças nos livros de alfabetização considerando os processos de avaliação que culminaram na publicação dos *Guias de livros didáticos* dos PNLD de 2004 e 2007.

O que e como analisamos

Nosso objetivo foi comparar as principais mudanças ocorridas em cinco livros didáticos de alfabetização, nas versões apresentadas no PNLD/2004 e no PNLD/2007.

Analisamos, em primeiro lugar, a influência das teorizações hoje disponíveis (advindas dos estudos sobre letramento, sobre a psicogênese da escrita, sobre "análise fonológica" e outras) na seleção e estruturação de sequências didáticas voltadas ao ensino do SEA em alguns livros didáticos recomendados pelo PNLD/2004 e pelo PNLD/2007. Em segundo lugar, classificamos as atividades voltadas para a apropriação do SEA presentes em alguns livros de alfabetização recomendados nesses dois processos de avaliação.

Para compreender as mudanças nos livros didáticos de alfabetização, fizemos uma análise comparativa de cinco obras aprovadas nas edições 2004 e 2007 do PNLD:

- ROCHA, G. A. S. *Português* – Uma proposta para o letramento – alfabetização. São Paulo: Moderna.

- SETÚBAL, Maria Alice; LOMÔNACO, Beatriz; BRUN-SIZIAN, Izabel. *Novo Letra Viva*: programa de leitura e escrita: alfabetização. 2. ed. Belo Horizonte: Formato.
- MIRANDA, C.; LOPES, A. C.; RODRIGUES, V. L. *Vivência e construção* – Alfabetização. São Paulo: Ática
- ALMEIDA, P. N. *LEP*: leitura, expressão, participação. São Paulo: Saraiva.
- PASSOS, L. M. M. Alegria de saber. São Paulo: Scipione.

Os três primeiros livros receberam a menção *Recomendado* no PNLD 2004 e no PNLD 2007 estão inseridos no bloco 2 – livros que abordam de forma equilibrada os diferentes componentes da alfabetização e do letramento.

Os dois últimos receberam a menção *Recomendado com ressalvas* no PNLD 2004. No PNLD 2007, o livro *LEP* foi inserido no bloco 2 – livros que abordam de forma equilibrada os diferentes componentes da alfabetização e do letramento, e o *Alegria do saber* foi inserido no bloco 3 – livros que privilegiam a abordagem da apropriação do sistema de escrita.

Na análise, verificamos a distribuição dos exercícios no decorrer das unidades. Esse cuidado se deve à necessidade de termos uma visão geral de como e em quais momentos determinada atividade cognitiva, ligada à aprendizagem do SEA, foi explorada pelo livro didático. Assim, a análise foi realizada quantitativamente e qualitativamente: (a) a quantidade de exercícios que trabalhavam com determinada atividade cognitiva; (b) a distribuição desses exercícios no livro; (c) as tarefas solicitadas na resolução deles; (d) a natureza dessas operações.

Resultados

Dos cinco livros analisados, o único que não sofreu alteração significativa entre os dois PNLD foi o *Novo letra viva* (NVL). As poucas modificações observadas nesse livro referiram-se à substituição de alguns textos. Por exemplo, na edição submetida ao PNLD/2004, na atividade da página 147, as autoras solicitavam a leitura de uma carta produzida por uma criança. Já no livro apresentado ao PNLD/2007, elas mantiveram o gênero e substituíram a carta anterior por outra extraída da Revista *Ciência Hoje das Crianças*.

O livro *Alegria do saber* (AS) não alterou significativamente suas atividades no que diz respeito às atividades envolvendo a apropriação do sistema de escrita alfabética (SEA). Nesse livro, três textos foram substituídos e foram acrescentadas cinco atividades que envolviam leitura de frases, leitura de palavras, escrita de frases e formação de palavras com uso do alfabeto móvel. Já o manual do professor, ao longo do novo AS, passou a explicitar os objetivos didáticos para as atividades ou mencionar algumas sugestões para o professor trabalhar determinada atividade ou texto. Mas a visão associacionista relativa tanto aos objetivos didáticos como às atividades não mudou de um PNLD para o outro.

No *LEP* e no *Português: uma proposta para o letramento* (PPL), houve aumento das atividades de leitura de palavras. Já no *Vivência e construção* (VC), constatamos diminuição nesse tipo de atividade e aumento nas de leitura de textos com o auxílio do professor. Nesse livro, as leituras complementares (coletânea de textos de vários autores da literatura infantil brasileira) que se encontravam no final do livro no PNLD/2004, foram distribuídas ao longo das unidades, na edição apresentada em 2007. Ressaltamos que as autoras, ao acrescentar a seção "Antes de ler...", passaram a explorar estratégias de leitura como as de antecipação e exploração de conhecimentos prévios sobre o texto (estrutura, autor, temática, gênero), o que não aparecia na edição anterior. A TAB. 1 apresenta as atividades de leitura presentes nos livros analisados, nas edições 2004 e 2007 do PNLD.

TABELA 1 – Categorização e distribuição das atividades de leitura dos livros didáticos submetidos ao PNLD/2004 e ao PNLD/2007

Atividades de leitura	LEP		VC		NLV		PPL		AS	
	2004	2007	2004	2007	2004	2007	2004	2007	2004	2007
Leitura de palavras	26	42	30	19	42	42	32	48	112	113
Leitura de frases	07	08	09	09	34	34	02	06	43	48
Leitura de texto	07	12	42	46	28	28	14	15	58	61
Leitura de texto com auxílio	27	27	02	11	23	23	07	07	12	12
Leitura de texto cartilhado	00	00	00	00	00	00	00	00	30	30
Total	**67**	**89**	**83**	**85**	**127**	**127**	**55**	**76**	**255**	**264**

A leitura de textos cartilhados permaneceu apenas no livro *Alegria do saber*. Esse foi o livro que mais apresentou atividades de leitura (255 exercícios na versão de 2004 e 264 em 2007), principalmente de palavras. Isso se deve ao fato de que, a cada nova lição, um pequeno texto e um conjunto de palavras eram trabalhados, a fim de explorar um novo padrão silábico. Esse livro didático manteve o formato das cartilhas tradicionais: o papel atribuído ao aprendiz continuou sendo o de copista de palavras, apresentadas em doses homeopáticas. A ausência de atividades que possibilitassem ao aluno refletir sobre os sons da língua (o sistema fonológico) e sua relação com as letras que os representam, bem como a falta de atividades de escrita espontânea demonstram claramente a concepção empirista/associacionista do livro AS. No entanto, junto à leitura de textos cartilhados (30) e de palavras com os padrões silábicos trabalhados, observou-se a presença de textos de diferentes gêneros para serem lidos.

Nos livros PPL e LEP, as atividades de leitura mais frequentes em 2004 eram as de palavras e de textos. Em 2007, essas ainda continuaram sendo as categorias mais exploradas, mas houve aumento na leitura de palavras em ambos os livros, além da leitura de frases, que ocorreu principalmente no livro PPL. Quanto ao livro VC, observamos aumento das atividades de leitura de textos com auxílio do professor (de 2 para 11) e diminuição das atividades de leitura de palavras.

As atividades de apropriação do SEA presentes nos livros foram classificadas em diferentes tipos: *identificação, comparação, contagem, partição, formação, exploração, cópia e escrita*. As atividades de *identificação* envolvem a identificação de letras e sílabas em palavras, além da identificação de rima e aliteração com e sem correspondência escrita. Já na categoria *comparação*, as atividades englobam: (a) a comparação de sílabas e palavras quanto à disposição e ao número de letras e sílabas; (b) a comparação de palavras quanto à presença de letras e sílabas iguais e/ou diferentes; (c) a comparação da escrita do aluno com a escrita convencional para autoavaliação. Na categoria *contagem*, selecionamos as atividades de contagem das letras que compõem uma sílaba e das letras e sílabas que compõem uma palavra. A categoria *partição* envolve a partição oral de palavras em sílabas, a partição escrita de palavras em letras e em sílabas e a partição escrita de frases em palavras. A categoria *formação* contempla a formação de palavras a partir de letras ou sílabas dadas, e a formação de palavras com uso do alfabeto móvel. A categoria *exploração* corresponde à exploração dos diferentes tipos de letras, da ordem alfabética, da segmentação das palavras nas frases, da relação som/grafia e da pontuação. Em *cópia* destacam-se atividades de copiar letras, sílabas, palavras, frases e textos. Na categoria *escrita*, as atividades foram classificadas em escrita: (a) de letras; (b) de sílabas (inicial, medial e final); (c) de palavras a partir de letra ou sílaba dada; (d) de palavras com auxílio do professor; e) de palavras com aliteração e com rima; (f) a escrita espontânea de frases e palavras. A TAB. 2 mostra a presença desses tipos de atividades nos livros analisados.

TABELA 2 – Atividades destinadas à apropriação do sistema de escrita alfabética, presentes nos livros didáticos analisados

Atividades de Alfabetização	LEP		VC		NLV		PPL		AS	
	2004	2007	2004	2007	2004	2007	2004	2007	2004	2007
Identificação	39	55	42	45	65	67	25	34	91	91
Comparação	13	22	12	17	12	12	22	27	00	00
Contagem	07	26	12	09	14	14	44	50	03	03
Partição	02	08	13	15	02	02	12	14	14	14
Formação	12	13	21	27	17	17	19	19	19	20
Exploração	26	30	24	25	39	39	27	35	03	03
Cópia	98	99	61	72	86	90	49	55	132	132
Escrita	80	111	39	56	68	68	27	27	40	40

Houve aumento nas atividades de alfabetização em três livros: *LEP, Vivência e construção* (VC) e *Português*: uma proposta para o letramento (PPL).

Quanto às atividades de *identificação*, o aumento do PNLD/2004 para o PNLD/2007 ocorreu nos livros LEP e PPL, como se vê na TAB. 3.

TABELA 3 – Categorização e distribuição das atividades de identificação nos livros didáticos submetidos ao PNLD/2004 e ao PNLD/2007

Atividades de identificação	LEP		VC		NLV		PPL		AS	
	2004	2007	2004	2007	2004	2007	2004	2007	2004	2007
Diferenciação de letras/ palavras/ números	03	03	09	01	01	01	01	01	01	01
Identificação de letras em sílabas	00	00	00	00	01	01	00	01	00	00
Identificação de letras em palavras	05	10	18	28	22	22	06	04	14	14

TABELA 3 – Categorização e distribuição
das atividades de identificação nos livros didáticos
submetidos ao PNLD/2004 e ao PNLD/2007 (*continuação*)

Atividades de identificação	LEP		VC		NLV		PPL		AS	
	2004	2007	2004	2007	2004	2007	2004	2007	2004	2007
Identificação de sílabas em palavras	00	03	01	00	12	12	04	03	26	26
Identificação de palavras em frases ou textos	09	13	07	09	14	15	06	10	13	13
Identificação de palavras que tenham a letra X.	18	18	02	00	08	08	03	09	17	17
Identificação de palavras que tenham a sílaba X	02	02	01	01	02	02	02	02	10	10
Identificação de rimas em palavras	01	03	02	04	05	05	03	04	04	04
Identificação de aliteração em palavras	01	03	02	02	00	00	00	00	06	06
Total	39	55	42w	45	65	66	25	34	91	91

O livro NLV acrescentou apenas uma atividade de identificação, correspondente à identificação de palavras em frases ou textos, mas em 2004 já apresentava uma quantidade significativa dessas atividades (65). Já no livro VC, houve diminuição das atividades de diferenciação de letras, palavras e números, que em 2004 estavam presentes na unidade 1, e aumento das atividades de identificação de letras em palavras (de 18 para 28). O livro LEP acrescentou 16 atividades de identificação, envolvendo diferentes unidades (letras, sílabas, palavras e, em menor quantidade, rimas). O quantitativo de atividades de identificação de partes sonoras das palavras, como a rima e a aliteração, foi pequeno nesses quatro livros analisados. No entanto, essas atividades são fundamentais para que os alunos compreendam que a escrita representa a pauta sonora das palavras. Quanto ao livro PPL, verificamos que, embora as duas versões apresentem atividades que possibilitam ao estudante exercer a identificação, ainda são poucas as oportunidades que estimulam a reflexão sobre segmentos sonoros como as sílabas e rimas.

A ocorrência de exercícios de comparação de sílabas ou palavras foi em geral muito pequena nos livros analisados. A TAB. 4 apresenta esses dados.

TABELA 4 – Categorização e distribuição das atividades de comparação nos livros didáticos submetidos ao PNLD/2004 e ao PNLD/2007

Atividades de comparação	LEP		VC		NLV		PPL		AS	
	2004	2007	2004	2007	2004	2007	2004	2007	2004	2007
Comparação de sílabas quanto à disposição e/ou número de letras	00	03	00	00	00	00	03	03	00	00
Comparação de palavras quanto ao número e/ou disposição de letras	02	07	06	06	05	05	05	05	00	00
Comparação de palavras quanto ao número de sílabas	00	01	00	01	00	00	06	08	00	00
Comparação de palavras quanto à presença de letras iguais e/ou diferentes	08	08	06	07	06	06	05	05	00	00
Comparação de palavras quanto à presença de sílabas iguais e/ou diferentes	02	02	00	02	01	01	02	04	00	00
Comparação com escrita convencional para autoavaliação	01	01	00	01	00	00	01	02	00	00
Total	13	22	12	17	12	12	22	27	00	00

O livro didático AS continuou sem apresentar atividades que envolvam a comparação de unidades nas palavras. Já o NLV não acrescentou atividades, mas em 2007 já continha 12 atividades desse tipo, que se concentravam na comparação de palavras quanto ao número e à disposição das letras e quanto à presença de letras iguais. O trabalho no nível da sílaba continuou sendo pequeno.

O PPL acrescentou atividades envolvendo a comparação de palavras quanto ao número de sílabas e quanto à presença de sílabas iguais e/ou diferentes (duas de cada tipo). Já o LEP acrescentou 5 atividades de comparação de palavras quanto ao número e à disposição de letras, perfazendo um total de 7, e elaborou 3 atividades que envolvem a comparação de sílabas quanto à disposição ou número de letras. No PNLD 2007, apenas esse livro e o PPL tinham esse tipo de atividade. O livro VC acrescentou 3 atividades de uma edição para outra, 1 envolvendo a comparação de palavras quanto ao número de sílabas e 2 quanto à presença de sílabas iguais ou diferentes. No geral, em todos os livros as atividades envolvendo a comparação de palavras quanto ao número ou presença de sílabas iguais e/ou diferentes foram pouco exploradas.

Quanto às atividades de contagem de letras e sílabas em palavras, como mostra a TAB. 5, o livro com maior concentração foi o PPL, que, em 2004, continha 44 exemplos e, em 2007, acrescentou 7 (2 atividades de contagem de letras em palavras, 2 de contagem de sílabas em palavras e 3 de contagem de palavras em frases), embora tenha diminuído uma atividade de contagem de letras em sílabas. O livro AS permaneceu com apenas 3 atividades desse tipo (2 de contagem de letras em palavras e somente 1 de contagem de sílabas em palavras). Também o livro NLV permaneceu com as atividades que tinha em 2004 – 14 no total –, não apresentando apenas atividade de contagem de letras em sílabas. O VC, por outro lado, em 2004 tinha 12 atividades de contagem e em 2007 diminuiu para 9, pois retirou 3 atividades de contagem de palavras em frases. Dos cinco livros analisados, o LEP foi o que mais investiu nesse tipo de atividade, acrescentando exercícios de contagem de letras e sílabas em palavras e de palavras em frases. De 7 atividades que apresentava em 2004, subiu para 26.

TABELA 5 – Categorização e distribuição das atividades de contagem nos livros didáticos submetidos ao PNLD/2004 e ao PNLD/2007

Atividades de contagem	LEP		VC		NLV		PPL		AS	
	2004	2007	2004	2007	2004	2007	2004	2007	2004	2007
Contagem de letras em sílabas	00	00	00	00	00	00	03	02	00	00
Contagem de letras em palavras	07	11	05	05	06	06	14	16	02	02
Contagem de sílabas em palavras	00	02	00	00	04	04	16	18	01	01
Contagem de palavras	00	13	07	04	04	04	11	14	00	00
Total	07	26	12	9	14	14	44	50	03	03

Também no caso da categoria *partição*, como mostra a TAB. 6, o LEP foi o livro que mais acrescentou atividades: partição de palavras em sílabas e letras e de frases em palavras (um total de 6 atividades). Vêm em seguida os livros VC e PPL, cada um com 2 atividades desse tipo.

TABELA 6 – Categorização e distribuição
das atividades de partição nos livros didáticos
submetidos ao PNLD/2004 e ao PNLD/2007

Atividades de partição	LEP		VC		NLV		PPL		AS	
	2004	2007	2004	2007	2004	2007	2004	2007	2004	2007
Partição de palavras em sílabas	02	05	05	06	02	02	05	07	14	14
Partição escrita de palavra em letras	00	01	08	09	00	00	06	06	00	00
Partição escrita de frase em palavras	00	02	00	00	00	00	01	01	00	00
Total	02	08	13	15	02	02	12	14	14	14

Assim, a partir dessas seis tabelas, podemos afirmar que, em relação ao trabalho que acreditamos ser necessário para a apropriação do SEA, o quantitativo de exercícios envolvendo *identificação, comparação, contagem e partição* ainda é muito reduzido nos livros analisados. Isso significa que os LD estão contribuindo pouco para que as crianças reflitam sobre como o SEA funciona, entrem em conflito em relação às suas hipóteses de escrita inadequadas e, a partir daí, se empenhem para construir soluções mais apropriadas.

Voltando agora para as atividades de exploração de diferentes aspectos do processo de aprendizagem do sistema de escrita alfabética, priorizamos a relação som/grafia. Constatamos que a exploração dessa relação fundamental se fez presente principalmente no livro LEP, seguido do PPL que, de 2004 para 2007, acrescentou 8 exercícios desse tipo de atividade, perfazendo um total de 9. Já o livro didático VC, em 2004, continha apenas 1 atividade envolvendo a exploração da relação som/grafia, o que revela ausência de oportunidades de reflexão, para os aprendizes, sobre as unidades sonoras da palavra. Para o PNLD/2007, foram acrescentadas 2 atividades, o que ainda não indica um movimento expressivo na abordagem dessa relação essencial para o processo de alfabetização, mas já mostra uma preocupação com esse tipo de atividade para o aprendizado do sistema de escrita alfabética (SEA). A TAB. 7 apresenta esses dados.

TABELA 7 – Categorização e distribuição
das atividades de exploração nos livros didáticos
submetidos ao PNLD/2004 e ao PNLD/2007

Atividades de exploração	LEP		VC		NLV		PPL		AS	
	2004	2007	2004	2007	2004	2007	2004	2007	2004	2007
Exploração dos diferentes tipos de letras	02	05	07	04	22	22	16	16	02	02
Exploração da ordem alfabética	04	04	08	09	06	06	04	04	01	01
Exploração da segmentação das palavras	01	01	08	05	02	02	06	06	00	00
Exploração da relação som/grafia	15	16	01	03	05	05	01	09	00	00
Exploração da pontuação	04	04	00	04	04	04	00	00	00	00
Total	26	30	24	25	39	39	27	35	03	03

Como pode ser observado na TAB. 7, atividades envolvendo a exploração de diferentes tipos de letras e da ordem alfabética estiveram presentes em todos os livros analisados. Já o trabalho com a pontuação não apareceu em nenhuma edição dos livros PPL e AS, e a exploração da segmentação das palavras em frases não esteve presente no livro AS, nas duas versões analisadas.

Nossas análises evidenciaram que, das atividades que envolviam o bloco *formação*, no livro VC houve mais ênfase na *formação de palavras a partir de letras dadas* (16 atividades), no PNLD 2007.

As atividades que permitem ao aprendiz *formar palavras a partir de letras ou sílabas* foram pouco exploradas pelo livro na edição anterior. Tal aspecto, em particular as atividades que envolvem o uso da letra, foi melhorado no PNLD/2007. Outra característica dessa nova edição foi que as atividades envolvendo a *formação de palavras*, de modo geral, apresentaram-se bem distribuídas ao longo das unidades.

Ainda em relação às atividades de *formação*, destacamos que o LEP não alterou quantitativamente as atividades desse tipo, mas promoveu modificação qualitativa, acrescentando uma atividade de formação de palavras a partir de letras dadas com o alfabeto móvel, que não existia na versão 2004, mesmo tendo o livro disponibilizado, no final, uma cartela com esse material. A TAB. 8 apresenta os dados relativos às atividades de formação de palavras.

TABELA 8 – Categorização e distribuição das atividades de formação nos livros didáticos submetidos ao PNLD/2004 e ao PNLD/2007

Atividades de formação	LEP		vc		NLV		PPL		AS	
	2004	2007	2004	2007	2004	2007	2004	2007	2004	2007
Formação de palavras a partir de letras dadas	03	05	08	12	02	02	04	04	04	04
Formação de palavras a partir de sílabas dadas	05	07	02	01	04	04	03	03	15	15
Formação de palavras com alfabeto móvel	00	01	00	04	05	05	00	00	00	01
Total	08	13	10	17	11	11	07	07	19	20

No LD PPL, no bloco *cópia*, foram encontradas as seguintes categorias: *cópia de letra, cópia de sílaba e cópia de palavra, cópia de frase e cópia de texto*. Entre os livros analisados, trata-se da segunda maior distribuição de exercícios: 49 ao todo no

PNLD/2004 e 55 no PNLD/2007. Esses 55 exercícios representam cerca de 15% do total de atividades do livro, percentual inferior apenas ao referente às atividades de leitura (71). Vale ressaltar, no entanto, que a *cópia* nesse livro didático não é um processo mecânico, uma vez que, na maioria dos exercícios, apresenta-se acompanhada por atividades que requerem diferentes processos cognitivos. Assim, as atividades de cópia vinham, no geral, acompanhadas pelos processos de identificação, contagem e partição.

Na versão do PNLD/2004, o LEP trouxe também muitas atividades da categoria *cópia de palavras e frases* que não levam o aluno a refletir sobre o que está escrevendo. Já no PNLD/2007, a quantidade de tais atividades permaneceu (98 e 99), porém foram modificadas algumas, que demandavam reflexões sobre a letra e a palavra. Destacamos também que o livro VC, no PNLD/2004, não trazia nenhum exercício envolvendo as categorias *cópia de frases* e *cópia de textos*, incluídas na versão do PNLD 2007. A TAB. 9 apresenta esses dados.

TABELA 9 – Categorização e distribuição
das atividades de cópia nos livros didáticos
submetidos ao PNLD/2004 e ao PNLD/2007

Atividades de exploração	LEP		VC		NLV		PPL		AS	
	2004	2007	2004	2007	2004	2007	2004	2007	2004	2007
Cópia de letra	08	08	25	22	08	08	07	07	31	31
Cópia de sílaba	03	03	01	03	02	02	03	05	16	16
Cópia de palavra	61	61	34	40	51	53	34	38	51	51
Cópia de frase	14	15	00	05	19	20	04	03	29	29
Cópia de texto	02	02	01	02	06	07	01	02	05	05
Total	88	89	61	72	86	90	49	55	132	132

Em relação às atividades de *escrita*, os livros que apresentaram acréscimo foram o LEP e o VC. No geral, ampliaram principalmente os exercícios de *escrita espontânea de palavras e de letras*. O livro que apresentou a menor quantidade de atividades de escrita de letras e palavras foi o PPL (27 no total). Já a *escrita de sílabas no início, no meio ou no final de palavras* se fez pouco presente em todos os livros analisados, como se vê na TAB. 10.

TABELA 10: Categorização e distribuição das atividades de escrita nos livros didáticos submetidos ao PNLD/2004 e ao PNLD/2007

Atividades de escrita	LEP		VC		NLV		PPL		AS	
	2004	2007	2004	2007	2004	2007	2004	2007	2004	2007
Escrita de letras	05	11	00	08	02	02	01	01	02	02
Escrita de sílabas (inicial, medial e final) de palavras	00	00	00	00	02	02	01	00	01	01
Escrita de palavras	57	82	34	46	59	59	24	25	37	37
Escrita de palavras a partir de letra/ sílaba dada	17	17	00	00	03	03	00	00	00	00
Escrita de palavras com auxílio do professor	01	01	05	02	02	02	01	01	00	00
Total	80	111	39	56	68	68	27	27	40	40

Algumas considerações

A partir da análise dos livros didáticos, percebemos que as transformações ocorridas nesse material estão relacionadas com as mudanças didáticas e pedagógicas fomentadas pela academia e pela própria prática dos professores. Os textos cartilhados e as atividades com ênfase exagerada na repetição e memorização deram lugar, já nas versões do PNLD/2004, aos textos de diversos gêneros que circulam na sociedade.

A influência da psicogênese da língua escrita nos materiais didáticos foi revelada pela excessiva ênfase no estudo das palavras, envolvendo principalmente as letras. A exploração das sílabas e de outros segmentos sonoros da palavra ainda se faz pouco presente, o que se deve provavelmente à tentativa de superar os tradicionais "métodos silábicos" de alfabetização.

No entanto, se não há uma quantidade suficiente de atividades que consideramos efetivamente de alfabetização, percebemos uma diversidade delas nos livros analisados, com exceção do livro *Alegria do saber*, que continuou priorizando atividades de cópia e memorização. Dessa forma, no geral, os livros recomendados pelo PNLD apresentam bons modelos e diversidade de atividades. Para aplicá-las com adequação, é preciso que o professor saiba os objetivos de cada uma, o que deve ser favorecido pelas observações do manual do professor.

Percebemos, no PNLD/2007, que os livros de alfabetização têm buscado equilibrar as atividades que favorecem o letramento com aquelas que possibilitam a apropriação do sistema de escrita alfabética. O LEP, por exemplo, em 2004 foi *Recomendado com ressalvas* e em 2007 foi classificado no bloco 2 (livros que abordam de forma equilibrada os diferentes componentes da alfabetização e do letramento), juntamente com o *Português: uma proposta para o letramento* e o *Novo Letra Viva*.

Podemos concluir que as práticas docentes também têm contribuído para as mudanças nos livros didáticos, pois desde as primeiras alterações nas cartilhas, os professores têm observado a presença de poucas atividades de alfabetização nos LD, o que se reflete no "não uso" dos novos livros. Assim, nos últimos três anos, os livros mudaram e, de certa forma, passaram a contemplar mais o que os docentes reivindicavam: atividades para ajudar os alunos a se apropriarem do SEA.

Por fim, acreditamos que o PNLD tem contribuído para ajudar os professores a escolher livros didáticos de melhor qualidade e, ao mesmo tempo, tem feito com que autores e editores estejam sempre repensando e reconstruindo seus materiais, na intenção de atender às exigências da academia e das práticas docentes.

Capítulo 2
PRINCÍPIOS METODOLÓGICOS EM LIVROS DE ALFABETIZAÇÃO APROVADOS NO PNLD 2007

Ceris Salete Ribas da Silva

No PNLD 2007, foram avaliados 52 livros de alfabetização, tendo sido 47 aprovados (90,4%) e apenas cinco (9,6%) não aprovados.

A forma adotada pelo *Guia* de 2007 para diferenciar para os professores as obras aprovadas e oferecer indicadores que subsidiassem o processo de escolha foi agrupá-las a partir de sua organização metodológica.

Assim, ao ser considerar os princípios constitutivos de sua abordagem metodológica, verificou-se que os livros didáticos de alfabetização adotam princípios diferenciados para o desenvolvimento dos componentes de ensino (leitura, sistema de escrita, produção de texto e oralidade) e para a organização do trabalho do professor. Nesse sentido, procurando dar-lhes uma descrição próxima de sua identidade didática, as obras foram reunidas em blocos considerando dois aspectos: (a) a ênfase dada aos processos de alfabetização e letramento ao longo do desenvolvimento de suas propostas; (b) as abordagens metodológicas que fundamentam o trabalho com os quatro componentes de ensino.

A partir desses critérios foram gerados três agrupamentos, descritos mais à frente, indicados a partir do maior ou menor equilíbrio dado ao desenvolvimento dos processos de alfabetização e letramento. Consideraram-se, mais adequadas as propostas de ensino das obras que articulam de forma mais equilibrada esses dois processos: dominar o sistema de escrita (decodificar, usar o papel, usar o lápis etc.) e aprender também a usá-lo em variadas práticas sociais.

Diante desse critério de classificação dos livros de alfabetização aprovados em 2007, este texto pretende expor a análise das características metodológicas dessas obras, considerando que, a partir desses critérios avaliatórios, pode-se identificar que tipo de proposta pedagógica os livros trazem para o ensino da língua escrita. Interessa-nos, portanto, discutir os procedimentos didáticos desses livros e, com isso, oferecer sugestões que talvez possam auxiliar os professores na escolha e no uso do livro didático de alfabetização.

Método *versus* proposta pedagógica

Até o PNLD 1998, as cartilhas de alfabetização representavam a maioria dos livros de ensino ofertados para as escolas do País. Se fôssemos analisar como essas cartilhas eram utilizadas para organizar os processos de ensino da língua escrita nas séries iniciais do ensino fundamental, certamente teríamos que discutir as características de seus métodos, de base analítica[1] ou sintética.[2]

---

[1] Os princípios de **base analítica** valorizam o processo de análise e a compreensão de sentidos, propondo uma progressão diferenciada: de unidades mais amplas (palavra, frase, texto) a unidades menores (sílabas ou sua decomposição em grafemas e fonemas). São exemplos dessa abordagem os métodos de palavração (palavra decomposta em sílabas), de sentenciação (sentenças decompostas em palavras) e o global de contos (textos considerados como pontos de partida até o trabalho em torno de unidades menores). Essas tendências persistem nas práticas docentes atuais.

[2] Os métodos **sintéticos** privilegiam os processos de decodificação, as relações entre fonemas (sons ou unidades sonoras) e grafemas (letras ou grupos de letras) e uma progressão de unidades menores (letra, fonema, sílaba) a unidades mais complexas (palavra, frase, texto). Fazem parte desse grupo os métodos organizados segundo os princípios sintéticos: os métodos de soletração, o fônico, o silábico. Essas tendências ainda fortemente presentes nas propostas didáticas atuais.

Contudo, um dos efeitos das avaliações dos livros de alfabetização no Programa Nacional de Livros Didáticos (PNLD), de 1998 até 2007, tem sido impulsionar, ao longo desses anos, um crescente investimento das editoras na renovação das obras inscritas, na busca de se adequar aos novos paradigmas de ensino da língua escrita nos primeiros anos de escolaridade. Isso significa que as editoras vêm substituindo gradativamente as estratégias anteriores de revisão e atualização das obras antigas pela produção de obras compatíveis com as novas propostas teóricas e metodológicas de ensino da leitura e a escrita. Consequentemente, vem sendo oferecido às escolas um conjunto cada vez maior de propostas, mais atualizado e adequado às práticas alfabetizadoras.

Podem ser consideradas propostas mais atualizadas e adequadas para o ensino da leitura e da escrita de crianças, os livros didáticos que focam o ensino-aprendizado na alfabetização e no letramento. Na alfabetização (ou na técnica da escrita), porque a criança aprende a ler e a escrever quando é capaz de relacionar sons com letras, fonemas com grafemas,[3] quando é capaz de codificar e decodificar; no letramento, porque a criança precisa desenvolver as práticas de uso dessa técnica. Essas duas aprendizagens – alfabetização (codificar e decodificar) e letramento (aprender a usar essa técnica nas práticas sociais) –, ainda que tenham suas especificidades, precisam ser ensinadas de forma integrada, pois são interdependentes.

Com base nos dados do PNLD 2007, podemos verificar que as obras recomendadas procuram se adequar a essas novas exigências colocadas para o ensino da língua escrita nos anos iniciais do ensino fundamental. Isso significa considerar que o perfil dos livros didáticos ofertados às escolas, de uma maneira geral, apresentam novas características na sua organização que os distinguem das cartilhas de alfabetização produzidas até o final da década de 1990. Do conjunto de livros aprovados, segundo dados apresentados no *Guia* de 2007, as obras estão classificadas

---

[3] Ver glossário no final do livro.

em três grandes conjuntos, segundo as características da sua organização pedagógica:

- **Bloco 1** – Livros que abordam de forma desigual os diferentes componentes da alfabetização e do letramento (21).
- **Bloco 2** – Livros que abordam de forma equilibrada os diferentes componentes da alfabetização e do letramento (16).
- **Bloco 3** – Livros que privilegiam a abordagem da apropriação do sistema de escrita (10).

No primeiro bloco estão as obras que conjugam diferentes princípios metodológicos para o ensino dos processos de alfabetização e do letramento, umas pendem para ênfase na alfabetização, outras para a valorização do letramento. Assim, de um lado, pertencem a esse grupo as obras cujas propostas abrangem diferentes tipos de atividades, desde os modelos contextualizados para o ensino das relações entre fonemas e grafemas até aos modelos de atividades elaborados segundo os princípios analíticos dos métodos de alfabetização. De outro lado, também pertencem a esse grupo os livros cuja proposta privilegia o letramento dos alunos, investindo mais na apresentação de atividades de leitura e produção de textos escritos, em detrimento de atividades voltadas para a aquisição do sistema de escrita.

O segundo bloco recebe as melhores recomendações dos avaliadores, pois suas propostas são consideradas mais equilibradas, uma vez que articulam os processos de alfabetização e letramento de maneira sistemática. Essas obras caracterizam-se pelo cuidado em propor diversos modelos de atividades que exploram habilidades cognitivas mais complexas (observação, análise, comparação e memorização) e estão sempre relacionadas aos textos apresentados na obra, sendo consideradas, por causa dessas características, como situações significativas e contextualizadas, pois são desenvolvidas no interior das unidades temáticas.

O último bloco é composto por livros que dão ênfase ao ensino do sistema de escrita, em detrimento das práticas de letramento e, para o estudo do sistema alfabético, combinam os princípios dos métodos da silabação ou da palavração, nos quais o estudo da sílaba é tomado como foco. Nesse processo de ensino, as sílabas são introduzidas desde as primeiras unidades do livro, por meio de uma palavra-chave que oportuniza o trabalho com os grupos silábicos; em seguida, propõe-se a sua recombinação e a formação de novas palavras, frases e pequenos textos.

A partir da descrição dos três grupos, verificamos que as obras pertencentes ao primeiro e terceiro blocos, cerca de 31 livros, além de representar a maioria dos livros recomendados, têm em comum algumas características dos métodos de alfabetização que organizavam as propostas das cartilhas. Segundo informações do *Guia*, os 21 livros pertencentes ao primeiro grupo ainda adotam modelos de atividades para estudo do sistema de escrita apoiados nos princípios analíticos dos métodos de alfabetização; e os 10 livros pertencentes ao terceiro grupo organizam todo o processo de alfabetização com princípios de métodos sintéticos e analíticos. Algumas obras elegem a palavra como unidade de sentido para ser analisada em seus aspectos gráficos e sonoros, às vezes combinando os princípios dos métodos da silabação ou da palavração, nos quais o estudo da sílaba é tomado como foco. As principais mudanças que as obras pertencentes a esses dois blocos apresentam em sua organização estão relacionadas à introdução de seções destinadas aos eixos da leitura, produção de textos e oralidade, articulados aos processos de alfabetização. Embora adotem alguns princípios metodológicos que fazem parte da tradição escolar, a combinação ou a ênfase dada a esses princípios metodológicos e sua tradução nas propostas de atividades resultam em modelos de trabalho diferenciados para o ensino da escrita e da leitura nos livros de alfabetização.

Quando analisamos as resenhas apresentadas no *Guia de 2007* sobre as obras pertencentes a esses dois grupos, identificamos que a principal ressalva a suas propostas é a tendência a priorizar a aprendizagem do sistema convencional da escrita em detrimento das práticas de uso da escrita. Em torno desse objetivo principal, as propostas desses livros didáticos: ora adotam o princípio da síntese, segundo o qual a alfabetização deve partir de unidades menores – as sílabas, por exemplo – em direção às unidades maiores – à palavra, à frase, ao texto (método silábico), ora optam pelo princípio da análise, segundo o qual a alfabetização deve, ao contrário, partir das unidades maiores e portadoras de sentido – a palavra, por exemplo – em direção às unidades menores (método da palavração).

Tendo em vista as características da maioria das obras recomendadas em 2007, consideramos que era preciso investigar o que distinguia as propostas dos livros pertencentes ao segundo grupo – aqueles que abordam de forma equilibrada os diferentes componentes da alfabetização e do letramento – das obras pertencentes aos demais. A pesquisa da qual resultou este texto analisa propostas das obras classificadas no segundo bloco, procurando identificar os princípios pedagógicos escolhidos para atingir os objetivos de ensino e aprendizagem dos conceitos, habilidades, atitudes que caracterizam uma criança alfabetizada. Noutras palavras, buscou-se caracterizar as ações, os procedimentos didáticos adotados para promover a aquisição da leitura e da escrita e as opções teóricas assumidas por esse conjunto de livros de alfabetização. Trata-se, portanto, de uma discussão metodológica visando caracterizar como os livros didáticos de alfabetização contribuem para a renovação das práticas de ensino da leitura e da escrita. Além disso, procurou-se apontar as limitações e as possibilidades que essa nova forma de organização traz para o trabalho do professor, refletindo sobre os seus desdobramentos no planejamento do trabalho docente.

Para alcançar esse objetivo, foram analisadas as 16 obras que compõem o segundo bloco do *Guia 2007*, procurando identificar os seus princípios macro e micro-organizadores.

Os princípios macroestruturantes nos dão uma visão mais ampla da organização dos livros didáticos e podem ser identificados por meio da análise da sequência das unidades temáticas nos livros. Para essa análise, em primeiro lugar, procurou-se identificar os princípios de progressão adotados para a apresentação e a sistematização dos conteúdos ensinados ao longo da organização dos livros. Os princípios de progressão nos permitem identificar duas importantes regras estruturantes das propostas pedagógicas dos livros didáticos: (a) quais são as metas de aprendizagem colocadas para os alunos e as metas colocadas ao final de um ano letivo; (b) quais são os ritmos/compassamentos de apresentação dos conteúdos a serem ensinados, de modo a alcançar as metas previstas.

A primeira regra – a definição de metas de ensino e aprendizagem – indica qual é o ponto de partida e de chegada previsto na organização de cada proposta pedagógica. Isso significa que podemos apreender a concepção do livro sobre quais conhecimentos e habilidades definem uma criança alfabetizada ao final do primeiro ano de escolarização. Podemos, dessa forma, identificar que capacidades do sistema de escrita e que usos da leitura e escrita a obra busca levar o aluno a dominar e praticar.

A segunda regra – os ritmos de compassamento – indica uma perspectiva temporal do trabalho a ser desenvolvido ao longo do ano, ou seja, possibilita projetar qual é o tempo previsto para a realização desse trabalho. Essa perspectiva temporal pode ser estimada, mesmo que não seja de forma precisa, pelo conjunto de unidades temáticas e atividades propostas.

A articulação dessas duas regras revela um importante indicador organizativo das propostas metodológicas dos livros didáticos de alfabetização: os ritmos em que os conhecimentos e as habilidades serão ensinados ao longo de cada proposta pedagógica.

Os princípios microestruturais indicam de que forma os livros didáticos procuram promover a aquisição das metas de ensino previstas. Nessa segunda perspectiva, cabe analisar os procedimentos didáticos adotados na organização interna de cada unidade temática. Trata-se, portanto, de analisar os princípios didáticos que organizam as seções ou capítulos destinados ao desenvolvimento de cada um dos componentes de ensino: sistema de escrita, leitura, produção de texto e linguagem oral. Para isso, é necessário analisar os modelos de atividades propostas e sua adequação para o desenvolvimento das capacidades pertinentes aos eixos de ensino e aprendizagem da língua escrita. Sob essa perspectiva, busca-se identificar, por meio da análise das seções que compõem as unidades, qual é conjunto de conhecimentos, atitudes e capacidades cujo desenvolvimento é proporcionado pelas atividades. Considera-se, assim, que uma atividade é sempre um meio, um instrumento, uma ferramenta para se alcançar um determinado fim: o aprendizado de alguma coisa. Além disso, a análise das atividades nos possibilita identificar a natureza da abordagem metodológica, quais são os princípios que orientam a construção dos conhecimentos do sistema de escrita, as habilidades de leitura, escrita de texto e oralidade.

Para análise dos aspectos microestruturantes das propostas pedagógicas é necessário identificar e analisar todas as atividades propostas para cada um desses componentes e, ao mesmo tempo, investigar de que forma são realizadas as suas articulações e desenvolvimento no interior dos livros didáticos. Isso é necessário porque, dependendo da natureza do conhecimento e da capacidade a ser desenvolvidos, a obra escolhe um conjunto ou outro de princípios de natureza metodológica.

A análise nessa segunda perspectiva demanda um trabalho extenso, que possibilita identificar as diferentes estratégias didáticas adotadas para o estudo dos diferentes componentes do ensino da língua escrita. Diante das limitações que este texto impõe, decidimos expor apenas a análise dos aspectos macroestruturais. Mesmo reconhecendo que apresentaremos uma visão parcial dos princípios organizativos dos livros didáticos, será possível apontar alguns indicadores importantes, que podem guiar os processos de escolha e uso dessas obras nas escolas.

As regras de progressão adotadas na organização dos livros didáticos

Segundo informações apresentadas no *Guia* do PNLD 2007 (p.19), evidencia-se a predominância de uma forma de organização dos livros didáticos de alfabetização. Prevalece o critério de estruturação por unidades temáticas (39 livros, 82,9% do total de aprovados), sendo que 14 dessas obras focalizam nas unidades, além dos temas, gêneros textuais. Em todos esses livros, alguns temas recorrentes e pertinentes aos interesses infantis são tomados como núcleo para a exploração de atividades relacionadas aos conteúdos do ensino da língua escrita (para alfabetização e/ou letramento), bem como para exploração de atividades complementares ou extraclasse.

As unidades temáticas privilegiam ora temas do interesse do universo infantil (nome próprio, escola, casa, álbum, brincadeiras, amigos e família), ora temas ligados aos conteúdos curriculares de outras disciplinas (natureza, corpo, plantas, saúde, mitos, alimentos e animais). Do conjunto dos 16 livros didáticos analisados nesta pesquisa, três alternam, nas unidades, temas e gêneros a ser abordados (cantigas de roda, rótulos e embalagens, contos de fadas, notícias, receitas, poemas, histórias em quadrinhos etc.). Nos dois casos, em cada uma das unidades encontram-se seções variadas, que exploram os diferentes conteúdos relativos aos processos de alfabetização e letramento.

Um primeiro olhar sobre a sequência de apresentação das unidades temáticas buscou identificar algum princípio de progressão para sua escolha e ordenamento. Entretanto, constatou-se a predominância do critério que toma como principal referência apenas o universo infantil. Em poucos casos foi possível identificar uma leve gradação na ordenação das temáticas, em livros que tomam como referência inicial temas do universo próprio do aluno para, em seguida, introduzir temas que buscam ir além desse universo. Os exemplos apresentados a seguir[4] ilustram esses casos:

- Livro 822: nomes; escola; rua; doces; animais; festas juninas; jornais e revistas, histórias; corpo; brincadeira; música; despedida.

---

[4] Os números usados neste artigo são os códigos com os quais as obras são identificadas durante o processo de avaliação. Só com a publicação do Guia é que os avaliadores ficam sabendo o nome dos livros que analisaram. Nos exemplos citados, 822 corresponde ao livro *Novo Letra Viva* e 828 ao livro *Vivência e construção*.

- Livro 828: na escola; meu nome; entre amigos; brinquedos; estou crescendo; amigo bicho; gente; bichos e plantas; S.O.S saúde; minha casa; vida em família; histórias de ontem e de hoje.

Se a ordenação das temáticas não nos possibilita identificar um princípio objetivo de progressão do trabalho a ser desenvolvido, a identificação e a análise dos conhecimentos e habilidades propostos nos indicam claramente quais são as metas de aprendizagem previstas.

Diante dos limites previstos para este artigo, não é possível apresentar a análise do grande volume de dados levantados para o exame de todos os componentes do ensino nem abordar todos os aspectos organizadores das obras examinadas. Ressaltamos, no entanto, a importância dessa análise para uma reflexão mais ampla sobre os princípios metodológicos. Dessa forma, abandonando a pretensão de apresentar todos os procedimentos que esses livros utilizam para o ensino de leitura, produção de textos, sistema de escrita e oralidade, vamos centrar nossa exposição e nossas reflexões apenas nas características das regras macroestruturais, elegendo os conhecimentos e capacidades abordados no livro didático para estudo do sistema de escrita. Os objetivos principais da discussão que apresentamos são: (a) como cada livro didático define o aluno alfabetizado (as metas de ensino) e (b) quais são os meios (os procedimentos didáticos) que desenvolvem para alcançar essas metas.

Para a investigação do primeiro objetivo, foi necessário identificar e analisar todas as atividades propostas ao longo de cada unidade temática do livro didático, considerando as sequências e a progressão em que foram apresentadas. Para essa primeira etapa, procuramos identificar e comparar quais são os pontos de partida e de chegada definidos na estrutura geral das propostas das obras analisadas. Dito de outro modo, procurou-se levantar quais são os conhecimentos e as habilidades introdutórias de cada proposta e quais são as metas de aquisição definidas para o final do trabalho. A partir desse estudo foi possível concluir que os livros didáticos apresentam pontos de partida e de chegada diferenciados e, consequentemente, procedimentos didáticos diferenciados para a organização de suas unidades. Para exemplificar essa constatação, apresentamos os dados comparativos de três obras selecionadas do grupo das 16 analisadas. O critério para essa seleção foi o fato de considerarmos que, pelas diferenças e semelhanças de suas propostas pedagógicas, são obras representativas do que definimos demonstrar neste artigo.

Quais são as metas de aprendizagem dos livros didáticos?

A análise do *corpus* evidenciou diferenças significativas entre todas as 16 obras classificadas no segundo bloco do *Guia* do PNLD 2007 (p. 24): "Livros que abordam de forma equilibrada os diferentes componentes da alfabetização e do letramento". Uma das diferenças foi identificada nos conhecimentos e nas capacidades que cada obra considera importante abordar para alfabetizar as crianças. A outra diferença, consequente da primeira, foi que os livros apresentam concepções diferenciadas de quem é o aluno ao qual deverão ensinar a língua escrita (que conhecimentos já domina quando chega à escola) e que e que propriedades ou atributos caracterizam sua condição de alfabetizado ao final do ano letivo. A terceira diferença, também decorrente das anteriores, foi que a sequência de organização das propostas pedagógicas também é diferenciada.

Como dissemos, para ilustrar essas afirmações, selecionamos as propostas de três[5] livros didáticos, escolhidos porque apresentam o mesmo número de unidades temáticas e um conjunto semelhante de seções no seu interior voltadas para o desenvolvimento dos diversos componentes de ensino da língua escrita. Além do mesmo número de unidades temáticas, as três obras apresentam um número proporcional de páginas, o que nos levou a considerar que previam

---

[5] 817. *A grande aventura – alfabetização*; 851. *Descobertas e relações*; 850. *Português: uma proposta para o letramento – alfabetização*.

Quadro 1. As metas de aprendizagem como eixo estruturador das propostas

LIVRO	Primeira unidade		Quarta unidade	
	Conteúdos	Atividades	Conteúdos	Atividades
817 *A grande aventura* FTD 2007	Convenções da escrita	Observar espaços em branco entre palavras escritas	Relações entre fonemas e grafemas	Identificar letras/sons/sílabas iniciais de palavras.
		Contornar palavras em frases		
	Funções da escrita	Observar placas e símbolos e refletir para que servem	Irregularidades ortográficas	Observar uso e aplicar uso de: C/Ç; Q; CH; X; ÃO
	Alfabeto	Identificar letras iniciais de palavras		
851 *Descobertas e relações* Editora do Brasil 2007	Alfabeto	Identificar vogais e consoantes em palavras escritas	Irregularidades ortográficas	Reconhecer e usar a grafia de S com som de Z
			Regras ortográficas	Usar M antes de P e B
	Relações entre fonemas e grafemas	Análise dos sons de sílabas formadas com F e V	Relações fonema/grafema	Reconhecer e usar a grafia de S inicial, final e entre vogais
			Regularidade ortográfica	Reconhecer e usar a grafia de S/SS; R/RR; CH/LH/NH; QUE/QUA
			Pontuação	Escrever frases utilizando pontos de exclamação, interrogação e final.
850 *Português – uma proposta para o letramento – alfabetização* Moderna 2006	Relações entre fonemas e grafemas	Analisar aspectos gráficos de palavras (número de letras) e sonoros (sílabas)	Relações entre fonema/grafema	Analisar unidades sonoras (letras e sílabas; sons iniciais e finais de palavras)
		Usar letra cursiva		Formar palavras com sílabas de diferentes estruturas
		Identificar fonemas no início de palavras		

uma duração não muito distinta para o trabalho a ser desenvolvido durante um ano letivo. Definimos como critérios para exposição neste artigo o levantamento de dados a propósito dos pontos de chegada e de partida que esses livros definem para o ensino das regras e convenções do sistema de escrita. Para isso, tomamos a primeira e a última unidade de cada obra. No Quadro 1, resumimos os conhecimentos introdutórios do processo de alfabetização e as aquisições que marcam o final desse processo.

Passamos, então, a identificar os objetivos definidos pelos livros para a organização de suas propostas pedagógicas, objetivos subjacentes aos dados levantados a partir de duas unidades analisadas.

O livro 817 – *A grande aventura* (2007, FTD) – inicia sua proposta explorando algumas capacidades consideradas introdutórias do processo de alfabetização: convenções gráficas do sistema de escrita do português, alfabeto e diferenciação de algumas formas gráficas. No caso das convenções da escrita, particularmente, explora a delimitação de palavras (espaços em branco), que é um aspecto importante para a compreensão do sistema alfabético, pois exige que o aluno perceba que a linearidade da escrita tem características diferentes da linearidade da fala. Trata-se, por isso, de uma capacidade que deve ser ensinada para os alunos que estão no processo bem inicial da aprendizagem. Outra capacidade introdutória da aprendizagem da língua escrita apresentada é a diferenciação entre as formas escritas e outras formas gráficas de expressão. Somente após o trabalho com essas duas capacidades é que vem o alfabeto, com o objetivo principal de levar o aluno a identificar e saber os nomes das letras. A partir da seleção dessas capacidades, considera-se que o aluno é um aprendiz inicial e que precisa primeiro descobrir que a escrita é um sistema de representação, cujos símbolos gráficos precisam ser conhecidos. Na última unidade do livro, a meta final é consolidar as regras de correspondência entre fonemas e grafemas, a partir da análise de diferentes unidades sonoras – fonemas e sílabas – que compõem as palavras e, como ampliação desse trabalho, introduzir algumas regras ortográficas. Poucas regras são selecionadas: (a) a que diz respeito à escolha entre C/Ç; (b) a que regula o uso do Q; (c) a que define a grafia do ditongo ÃO. A quarta questão gráfica abordada se refere ao emprego de CH e X, que não é regida por regra, configurando-se como irregularidade ortográfica. As três primeiras são regras contextuais que não representam grande dificuldade para o aprendizado: escolher corretamente entre C e Ç depende de saber que só se usa Ç diante **a**, **o** e **u**, ou seja, diante de **e** e **i** usa-se C – essa regra se correlaciona com a que define a representação do som "kê"[6]: diante das três vogais **a**, **o** e **u**, com a letra C, e diante de **e** e **i** com o dígrafo QU. A grafia correta do ditongo -*ão* vai depender da observação, pela criança, de sua tonicidade, por oposição à representação átona -*am*, no final de formas verbais, por exemplo. Já o emprego correto de CH ou X, para o qual não há regra, deve-se fazer por memorização. O livro examinado não pretende o domínio dessa grafia como meta para o primeiro ano de alfabetização, o que não seria adequado nem possível. Nas atividades propostas, procura levar o aluno a observar que o som "xê" pode ter duas grafias – CH e X. Isso é feito com a exploração de palavras conhecidas, como *bicho* e *bruxa*, que ele deve separar em sílabas, e de palavras de uma parlenda, que ele deve copiar para identificar as semelhanças dos sons das sílabas e as diferenças na sua escrita. As duas atividades finais de memorização da regra são a escrita dessas palavras em uma cruzadinha e o preenchimento de lacunas em palavras que compõem frases.

O segundo livro analisado, *Descobertas e relações* (2007, Editora do Brasil), código 851, inicia sua proposta explorando, em sequência diferente, capacidades e conhecimentos também diferentes do que traz o livro anterior. Já inicia o trabalho apresentando ao aluno o alfabeto e, logo em seguida, introduz as correspondências entre fonemas e grafemas, elegendo como

---

[6] Em consonância com o capítulo 3 deste volume, optamos por representar as letras na forma maiúscula e os sons da fala por aproximações como "kê", para facilitar a compreensão daqueles que não estão familiarizados com as normas de transcrição fonética. Recomendamos a leitura do verbete correspondente, no glossário.

ponto de partida desse trabalho o caso dos grafemas considerados mais fáceis para o aluno aprender – F e V –, pois a relação entre fonema e grafema, nesse caso, é direta, biunívoca, isto é, a cada fonema corresponde apenas um grafema e esse grafema só representa tal fonema.

As relações entre fonema e grafema continuam sendo exploradas nas outras seções da primeira unidade, com a finalidade de levar o aluno a explorar sons semelhantes de palavras que compõem trava-línguas, a observar e analisar a estrutura de palavras retiradas do texto, com o objetivo de reconhecer aspectos gráficos, como número de letras, e aspectos sonoros, como número de sílabas e identificação de sons iniciais.

Como meta final, busca consolidar o processo de alfabetização prevendo a aquisição de um número maior de capacidades que a obra anterior. Além dos conhecimentos sobre a pontuação em final de frase, apresenta para estudo alguns casos de regularidade ortográfica: (a) o emprego dos dígrafos LH e NH, que pode ser incluído entre as correspondências diretas, porque, na escrita do português, esses dígrafos são a única forma de representação dos sons "lhê" e "nhê", os quais também só são representados por eles; (b) o uso do M antes do P, para sinalizar a nasalização da vogal anterior; (c) o uso de QUE e QUA; (d) o emprego de R ou RR. No entanto, a última unidade do livro em foco trata também de alguns casos de irregularidades ortográficas, difíceis de aprender para o aluno iniciante: (a) a grafia de CH, que discutimos anteriormente; (b) o uso da letra S em diferentes contextos; (c) o emprego de SS e X. Ressalta-se que, para o estudo dessas regras, a obra adota um procedimento de ensino que requer a intervenção mais direta do professor: apresenta palavras para ser observadas, em seguida formula as regras para o aluno e pede, como aplicação, a escrita de duas novas palavras e a elaboração de uma frase. Por essas características, exige do professor o trabalho completar de sistematização mais consistente das regras e convenções propostas para estudo.

O terceiro livro, *Português – Uma proposta para o letramento – alfabetização* (2006, Moderna), código 850, diferencia-se dos dois anteriores em relação tanto ao ponto de partida do seu trabalho quanto às metas de chegada. A sua proposta pressupõe, ao contrário das anteriores, que o aluno já chegue à escola dominando as capacidades iniciais do processo de alfabetização, como as letras do alfabeto e as convenções gráficas da escrita. Além disso, também pressupõe que a criança já tenha descoberto que a escrita representa os sons da fala, e, por isso, passa a explorar logo na primeira unidade as relações entre fonemas e grafemas. Se, por um lado, o ponto de partida de sua proposta é mais avançado que os dos livros anteriores, suas metas de aprendizagem pouco se distanciam daquelas definidas na primeira unidade. Na análise de todas as suas unidades temáticas, verifica-se que a obra continua sistematizando as relações entre fonemas e grafemas. Na última unidade do livro, as atividades propostas procuram consolidar o reconhecimento dos sons das sílabas presentes no início e no final de palavras.

A partir desses dados, pode-se supor que o caminho traçado pelos livros para um ano escolaridade são diferentes, pois eles elegem um número diferenciado de regras e convenções do nosso sistema de escrita como objeto de estudo e definem quais dessas regras deverão ser o ponto de partida e de chegada de suas propostas pedagógicas. Consequentemente, para alcançar suas metas, será necessário adotar diferentes procedimentos didáticos.

Isso significa, por exemplo, que o livro 850, *Português – uma proposta para o letramento – alfabetização* (2006, Moderna), destina-se a alunos que chegam à escola compreendendo a natureza alfabética do sistema de escrita, ou seja, que já saibam que as unidades menores da fala são representadas por letras. A partir desse pressuposto, provavelmente, a obra decide optar, em sua organização, por desenvolver uma abordagem sistemática em torno do domínio das relações entre fonemas e grafemas. Queremos dizer que esse livro não espera que o aluno compreenda e domine algumas das regras mais complexas desse sistema, diferentemente das metas definidas pelos dois outros livros analisados. Por essas características, também podemos afirmar que a distância entre o ponto de partida e de chegada de sua proposta é menor do que aquele estabelecido pelos outros livros. Como o ponto de partida e o de chegada estão mais próximos podemos, consequentemente, considerar que o livro 850 propõe mais tempo para abordar e sistematizar aquilo que elege como objeto de ensino. Sua proposta, portanto, difere da dos outros dois livros, que optam por ensinar um conjunto maior de regras e convenções do sistema de escrita.

Junto com a escolha dos conhecimentos que quer ensinar, a obra propõe também com um ritmo mais intenso ou menos intenso para o trabalho, o que pode significar, por exemplo a tomada de decisões sobre o número de atividades que serão apresentadas.

Os outros dois livros fazem opção por apresentar um conjunto maior de regras e convenções do sistema de escrita a ser ensinadas: consideram como destinatário o aluno que entra na escola sem o domínio de capacidades bem introdutórias e propõem que ele chegue ao final do ano letivo dominando convenções mais complexas sobre as relações entre fonemas e grafemas. A distância entre o ponto de partida e o ponto de chegada de suas propostas é mais extensa. Consequentemente, será necessário intensificar o ritmo das abordagens, o que pode levar, por exemplo, à decisão de realizar um trabalho mais aligeirado e pouco sistemático com algumas das relações convencionais entre fonemas e grafemas.

Considerações finais

Pelas características discutidas sobre as propostas pedagógicas, o LD pode, assim como outros materiais didáticos, refletir a organização e os movimentos do processo de ensino/aprendizagem que pretende ver realizado. Isso implica orientar, de forma mais flexível ou menos flexível o trabalho do professor, constituindo um instrumento que pode atender de forma mais ou menos adequada às necessidades de aprendizagem de cada escola e de cada sala de aula.

A importância de o professor saber identificar, por exemplo, alguns dos aspectos estruturais da organização das propostas dos LD é que isso lhe possibilitaria decidir se as metas de aprendizagem previstas atendem às necessidades e às possibilidades reais de seus alunos. O risco de não saber reconhecer essas características da organização de um livro didático pode significar privilegiar conhecimentos e habilidades que não são aqueles que devem ser ensinados aos seus alunos naquele momento.

Uma escolha sem crítica e sem critério pode restringir as possibilidades de contribuição do LD no planejamento e na execução do trabalho do professor.

Por outro lado, avaliar as consonâncias entre a proposta do LD e o projeto de trabalho a ser desenvolvido em sala de aula pode auxiliar também na decisão sobre a escolha e o uso de outros materiais, o que implica definir outras formas de conceber, organizar e disponibilizar para seus alunos (por meio de desafios e oportunidades de reflexão) conhecimentos igualmente relevantes.

Enfim, tudo isso significa que, na hora da decisão, é preciso considerar, de um lado, o projeto político-pedagógico da escola e as situações de ensino-aprendizagem envolvidos no jogo; de outro lado, as características e as possibilidades dos materiais didáticos efetivamente disponíveis.

Capítulo 3

ENSINO DE ORTOGRAFIA:
A CONTRIBUIÇÃO DO LIVRO DIDÁTICO

Maria da Graça Costa Val
Raquel Márcia Fontes Martins
Giane Maria da Silva

Neste trabalho, analisamos atividades de ensino de ortografia em livros didáticos de língua portuguesa (LDP) que foram aprovados pelo Programa Nacional do Livro Didático (PNLD), em suas edições 2007 e 2008.

Nas coleções de 1ª a 4ª (PNLD 2007), demos preferência aos livros da 1ª série, nos quais se concentram os exercícios de ortografia, mas analisamos também atividades dos volumes de 2ª e 3ª séries. Nas coleções de 5ª a 8ª (PNLD 2008), selecionamos os volumes da 5ª série, porque não é significativa a presença de atividades de ortografia nos livros destinados às demais séries.

Nosso principal objetivo é destacar os pontos positivos, analisando questões envolvidas no processo de apropriação da ortografia do sistema de escrita do português (LEMLE, 1987; OLIVEIRA e NASCIMENTO, 1990; MORAIS, 1999, 2003).

Destacamos, nos exercícios analisados, estratégias que consideramos adequadas para favorecer a construção do conhecimento ortográfico:

- o favorecimento de inferência da regra ortográfica pela criança, a partir de um conjunto de dados;
- a atribuição de caráter lúdico à atividade de ortografia, para atrair a atenção da criança;

- a contextualização dos exercícios de ortografia por meio do uso de um texto interessante para a criança, adequado ao universo infantil.

Na próxima seção, apontamos, muito brevemente, os pressupostos teóricos que embasam nossa análise.

Acerca da apropriação da ortografia

O ensino da ortografia é uma questão inquietante para os professores que lidam com esse aspecto da apropriação da escrita. Os LDP refletem esse conflito e têm se empenhado na busca de soluções. Podem, portanto, tornar-se bons aliados dos que enfrentam esse problema em sala de aula.

Estamos convencidas, no entanto, de que o aprendizado da ortografia é uma questão que só se resolve na interação professor-aluno. Um elemento fundamental desse aprendizado é o professor compreender quais são as dificuldades dos alunos, para poder planejar e realizar intervenções adequadas.

Muitos estudos têm comprovado que o primeiro passo para o sucesso no ensino-aprendizagem do sistema ortográfico é identificar a natureza do erro do aluno, para saber como ajudá-lo a superar o problema. Explicar todos os casos dizendo que o aluno está "comendo" ou "trocando" letras é insuficiente e ineficaz. É preciso saber que "letras" estão sendo "trocadas" ou "comidas" e por quê.

Quando inicia seu processo de apropriação da ortografia, a criança tem um conhecimento fonético sólido (CAGLIARI, 1989) e, ao mesmo, ela generaliza o princípio alfabético já dominado, buscando representar cada som enunciado com uma letra.

Um caso em que o aprendiz pode estar, simplesmente, generalizando o princípio alfabético ocorre quando o aluno "come" as letras N ou M[1] em palavras como *canto* ou *campo*. Nos dois

---

[1] Neste texto, quando nos referimos a letras do alfabeto, optamos por sua grafia em maiúsculo.

exemplos, a criança fala e ouve quatro sons: "cãto" e "cãpo"² e nas duas palavras, a vogal tônica é nasal. Se ela não aprendeu que no sistema ortográfico do português existem maneiras específicas de representar a nasalidade, é compreensível que deixe de grafar as letras N e M. Isso não significa que ela "comeu" uma letra, mas sim que ainda não sabe que a nasalização de uma vogal deve ser marcada com uma das duas possibilidades: o til acima da vogal, e o N ou o M em posição posterior a ela. No caso dos exemplos acima – *canto* e *campo* –, depois de o aluno entender que deve marcar a nasalização da vogal, precisará ainda aprender uma regra contextual: antes de P e B, usa-se M; antes das demais consoantes, usa-se N.

A generalização do princípio alfabético aliada ao modo de falar da criança pode explicar muitos casos em que o aprendiz "come" ou "troca" letras. Em decorrência disso, é muito importante que o professor conheça e leve em conta o falar regional de seus alunos.

Imaginemos uma criança operando com a hipótese de que a escrita representa fielmente a fala e que, no seu falar cotidiano, ouve e diz "cadera", "penera", "golero". A conjunção desses dois fatores, a generalização do princípio alfabético e o falar regional, vai explicar por que ela tende a "comer" o I do ditongo -*ei*- ou o U do ditongo -*ou*-, em algumas palavras³. Sem conhecer a ortografia, esse aluno não pode ver motivo para escrever *cadeira, peneira, goleiro*. O mesmo vale para "oro" e *ouro*, "otro" e *outro*, "ovir" e *ouvir*.

Muitos dos casos de "troca" de letras explicáveis pelo falar regional do aluno podem ser superados pelo conhecimento de

---

[2] Reconhecemos que a transcrição fonética (ver glossário) é o melhor modo de representar os sons da fala. Contudo, neste texto, registramos os sons de um modo mais simplificado, entre aspas (como, por exemplo, a sequência sonora "cãto", que forma uma palavra, ou o som "érre"), a fim de facilitar a leitura para aqueles que não têm familiaridade com o *Alfabeto Internacional de Fonética*.

[3] Isso não vai acontecer, por exemplo, nas formas verbais em que ocorre o -*ei*-, como *cantei* ou em nomes próprios, como Vanderlei. O ditongo -*ou*- não costuma ser reduzido em nomes próprios, como *Moscou*.

regras relativas ao contexto de ocorrência da consoante ou da vogal que é o foco da dificuldade.

Um exemplo é a "troca" entre R e RR. Nesse caso, há regras contextuais que podem ser "descobertas", aprendidas e dominadas pelo aluno. Se ele é falante de um dialeto do português brasileiro como o da cidade de Belo Horizonte, vai "descobrir" que, querendo representar o som "érre" como aparece na palavra *rua*, precisa grafar RR quando esse som ocorre entre vogais (*morro, torrada*) e precisa grafar R quando tal som ocorre em outros contextos: no início de palavra (*rua*), em início de sílaba antecedida de consoante (*Israel, honra*) e em final de sílaba (*carta, mar*).

O conhecimento de regras ortográficas contextuais pode ajudar a superar também outros casos de "troca" de letra. Servem de exemplo as regras que envolvem sufixos ou terminações, grafados sempre da mesma maneira, sem exceção. Nesses casos, entra em jogo o conhecimento morfológico intuitivo, do aluno e do professor. Assim, quem oscila entre escrever *gostozo* ou *gostoso*, ainda não aprendeu que o sufixo -*oso* é sempre escrito com S. O mesmo vale para os sufixos -*ês* e -*ez* (*francês, rapidez*); para a terminação verbal -*isse* (*caísse, sorrisse*) e para o sufixo nominal -*ice* (*meiguice, esquisitice*).

Uma questão de natureza diferente das discutidas e que preocupa muito os professores diz respeito à "troca" de B por P, V por F e D por T. O aluno que apresenta esse problema está com dificuldade em distinguir consoantes surdas de consoantes sonoras. As consoantes sonoras são pronunciadas com vibração nas cordas vocais ("bê, vê, dê"); as consoantes surdas, pronunciadas sem vibração ("pê, fê, tê"). Para que o aluno consiga diferenciar surdas de sonoras, podem-se apresentar pares de palavras com essas consoantes no início – como **bato/ pato, vaca/ faca, dona/ tona** – para ele dizer em voz alta e perceber que, além de as palavras de cada par terem significados diferentes, a pronúncia de cada uma delas é única e, por isso, cada consoante tem de ser representada na escrita de modo distinto. Devemos lembrar que as letras B, P, V, F, D e T mantêm uma relação biunívoca com os sons que representam: cada letra representa um som e esse som só é representado por essa letra. Assim, por exemplo, o som "bê" é sempre representado na escrita pela letra B, independentemente do contexto em que tal som/letra ocorre nas palavras (*barco*, *brinco*, *cabeça*).

Até aqui exemplificamos casos relativamente fáceis de resolver, porque dependem de: (a) compreender a concepção do aluno quanto à relação fala/escrita; (b) considerar o modo de falar do aluno para interpretar suas dificuldades; (c) levar o aprendiz a conhecer algumas grafias regidas pelo contexto em que a letra ou o som aparece na palavra e a atentar para a estrutura morfológica da palavra (seu prefixo ou sufixo); (d) verificar se a criança está com dificuldade de distinguir consoantes surdas de consoantes sonoras.

Infelizmente a história não termina aí.

Os problemas de ortografia não são todos iguais; têm diferentes motivos e estão relacionados a diferentes aspectos da língua. Para ajudar o aluno a dominar o sistema ortográfico do português, é preciso compreender os diferentes casos e, para cada um, aplicar a intervenção adequada. Para isso, é fundamental compreender que o sistema ortográfico da língua portuguesa apresenta regularidades e irregularidades.

Nos casos de regularidade ortográfica, há aqueles em que a relação "letra/ som" (grafema/ fonema)[4] é biunívoca ou direta, como ocorre com a letra P, que representa sempre o som "pê" em qualquer posição da palavra (*passo, apito, compra*). Existem também casos de regularidade ortográfica dependentes do contexto em que a letra/ som ocorre, como o uso das letras M e N para marcar nasalização de vogal e o emprego de R ou RR para representar o som "érre" de *rua* na escrita. Ainda como regularidade, há os casos em que a ortografia se fundamenta em aspectos morfológicos como prefixos, sufixos e famílias de palavras.

---

[4] Neste texto, utilizamos "letra/som", que é a nomenclatura mais conhecida pelos professores de língua portuguesa. Contudo, destacamos que o termo técnico mais adequado é "grafema/fonema" (ver glossário no final deste livro).

Quanto às irregularidades ortográficas, lembramos o caso "extremo" das possíveis representações do som "sê" na escrita: S (*sapato*), SS (*missa*), SC (*nascimento*), C (*cenoura*), Ç (*maçã*), SÇ (*desça*), X (*próximo*), XC (*exceção*) e ainda Z, como em *paz*, dependendo do falar regional.

Se o som "sê" pode ser representado graficamente de várias maneiras, e não há regra que explique a maioria dos casos, por outro lado, a letra X representa diferentes sons ("xê" em *xadrez*, "ksê" em *táxi*, "zê" em *exato* e "sê" em *máximo*) e também não há regras que deem conta de todos eles. O modo de ensinar essas e outras grafias arbitrárias, para as quais não há regras, é criar estratégias eficientes de memorização.

Uma das possibilidades de ajudar o aluno no aprendizado de algumas irregularidades é levá-lo a compreender que palavras da mesma "família" têm em comum uma parte importante de sua grafia (aquela que corresponde ao *radical*, à sua raiz). Noutros termos, as palavras derivadas preservam parte da grafia das primitivas. É difícil, por exemplo, aprender que se escreve *jeito* com J e não com G. Mas depois que se aprende essa grafia, fica fácil escrever *jeitoso*, *ajeitado*, *jeitinho*, quando se sabe a regra ortográfica que se apoia no conhecimento morfológico das "famílias de palavras".

Ao ponto de vista linguístico alia-se a perspectiva pedagógica. A maneira mais produtiva de levar alguém a aprender alguma coisa é propor desafios, fazer perguntas, criar oportunidades de observação e análise, para que o próprio aprendiz tenha a alegria de "descobrir" aquilo que se quer que ele aprenda. Por isso, vamos dar ênfase aqui a atividades que favoreçam a inferência da regra pela criança, a partir da observação de um conjunto de dados.

Análise de atividades de ensino de ortografia em LDP

Esta seção analisa atividades de ortografia que focalizam casos de regularidade e irregularidade ortográfica. Apresentamos, em primeiro lugar, análises de casos de regularidade e, depois, as referentes a casos de irregularidade.

Casos de regularidade ortográfica
Emprego ortográfico das letras M e N

Começamos por uma série de atividades[5] referentes ao emprego ortográfico das letras M e N, já apresentado. Focalizamos agora o uso de uma ou outra dessas letras, como marca de nasalização, antes de consoantes. Trata-se, como se viu anteriormente, de regularidade contextual: antes de P e B, utiliza-se M; antes das demais consoantes, utiliza-se N.

As atividades do LD se baseiam na leitura de um poema que apresenta uma quantidade significativa de palavras com M e N em final de sílaba (meio de palavra) e encontro consonantal. Após uma questão de leitura do texto e de outra que retoma o conhecimento da criança sobre consoantes e vogais, vem a sequência de atividades que nos interessam.

A resolução das atividades 3 e 4 requer a inferência da regra ortográfica pela criança, a partir de um conjunto de dados, em vez de fornecê-la pronta.

O exercício 3 sugere que a criança separe em colunas as palavras com M das palavras com N apresentadas em um desenho. Já o exercício 4 promove a interação entre o aprendiz, seus colegas e seu professor, visando à formulação da regra, a partir de duas perguntas:

> Antes de que consoantes empregamos a letra M?
> Antes de que consoantes empregamos a letra N?

Os exercícios 5 e 6, focalizando a mesma regra e mantendo o caráter lúdico, têm como finalidade a aplicação, em outro contexto, da regra deduzida pelos alunos.

---

[5] CEREJA; MAGALHÃES. 2002. (1ª série, p. 80-82).

> 5. Você já viu uma baleia? Onde? Como ela era? Preencha os espaços com **m** ou **n** e conheça mais sobre as baleias:
>
> **A giga___te dos mares**
>
> A baleia-azul é o maior animal vivo da Terra. Essa giga___te pode alca___çar 33,5 metros de co___prime___to. É mais ou menos o tamanho de uma fila de 18 mergulhadores, co___ta___do até as nadadeiras usadas por eles!
>
> (Recreio, 16/3/2000.)

Na atividade 5, o aprendiz deve preencher um fragmento de reportagem da revista *Recreio*, cujo tema agrada as crianças: animais. O enunciado da questão constitui uma proposta de objetivo para a leitura e um jogo de preencher lacunas.

A atividade 6 pede ao aluno que complete as lacunas em estrofes do poema *Riminhas*, de Lalau e Laurabeatriz, com um conjunto de palavras dadas. A exigência é manter a rima; as palavras fornecidas, grafadas com M ou N antes de consoante, preenchem essa condição. Apesar do caráter lúdico do exercício, pode-se questionar a estratégia de utilização do poema, que é desfigurado e se torna um conjunto de lacunas a preencher. Essa falha poderia ser contornada, por exemplo, se, depois de completar as estrofes, as crianças fossem convidadas a fruir o poema – que é um texto jocoso –, a apreciar os recursos que o tornam engraçado, a lê-lo oralmente com entonação expressiva.

Emprego ortográfico da letra S no sufixo -oso

O conjunto de atividades[6] a seguir aborda o uso da letra S em uma situação de regularidade ortográfica determinada pela morfologia: o uso do sufixo *-oso*. As questões são propostas a partir de um poema que apresenta palavras com a estrutura morfológica a ser tratada – o sufixo *-oso*, no gênero feminino: *A bola teimosa*, de Ricardo Cunha Lima.

---

[6] CEREJA; MAGALHÃES. 2004. (2ª série, p. 139-140).

As atividade 1 e 2 são de interpretação do texto lido. A atividade 3 pede que o aluno observe e transcreva para o caderno palavras com o sufixo -*osa*. As atividades 4 e 5 demandam observação e análise sobre um aspecto da formação de palavras em português: a relação entre primitivas e derivadas pelo acréscimo de sufixos. O aluno tem oportunidade de compreender que esse elemento é afixado às palavras conferindo-lhes novo significado, formando novas palavras da mesma família.

> 4. Veja como se formaram estas palavras:
>
>   teimosa = teima + osa
>   gloriosa = glória + osa
>   geniosa = gênio + osa
>
>   Agora tente descobrir como se formaram estas outras palavras:
>
>   a) manhosa   c) gostoso
>   b) presunçosa   d) carinhoso
>
> 5. Compare o sentido das palavras originais e o das palavras formadas com o acréscimo de **-oso** ou **-osa**.
>   Troque idéias com um colega: que mudança de sentido a parte **-osa** provocou?

Na atividade 5 vê-se a proposta de discussão entre colegas quanto ao valor semântico do sufixo em foco: uma estratégia importante para determinados momentos do processo de ensino e aprendizagem.

A atividade 6 pede o inverso das anteriores. Dessa vez, no lugar de analisar o processo de composição, o aluno vai formar novas palavras, aplicando o que aprendeu. O conhecimento em foco diz respeito a um recurso de produtividade morfológica no português: a formação de palavras pelo acréscimo de sufixos.

As atividades 7 e 8 é que lidam diretamente com a regra ortográfica:

> Quanto à grafia dessas palavras, a terminação –*oso* é sempre escrita com S ou também pode ser escrita com Z?
>
> Troque ideias com os colegas e com o professor e tire uma conclusão a respeito do que você aprendeu sobre a grafia das palavras terminadas em -*oso*.

Depois de observar, analisar e aplicar o emprego do sufixo -*oso*, o aluno teve oportunidade de se familiarizar com a grafia desse afixo.

A atividade 7 vai lhe possibilitar, então, refletir deliberadamente sobre ela, para que possa, na atividade 8, deduzir e formular a regra ortográfica, junto com os colegas e o professor. O sufixo -*oso* é sempre grafado com a letra S, nunca com a letra Z. Em contexto intervocálico, a letra S representa o mesmo som que a letra Z, o que pode causar hesitação no momento da escrita. Contudo, com essas atividades, o aprendiz pode compreender que, nesse caso, não há motivo para dúvida.

A atividade 8 leva à sistematização, etapa que não pode faltar para que a aprendizagem seja bem-sucedida. É esse 'fechamento' que deixa claro para o aluno o que ele aprendeu e permite ao professor o registro do que ele ensinou.

Emprego ortográfico da letra G

A atividade[7] analisada a seguir aborda o uso da letra G, que representa dois sons: "guê" e "gê". O objetivo é trabalhar com os contextos em que essa letra representa cada som, o que é regulado por regra. A atividade é dividida em quatro itens (a, b, c, d):

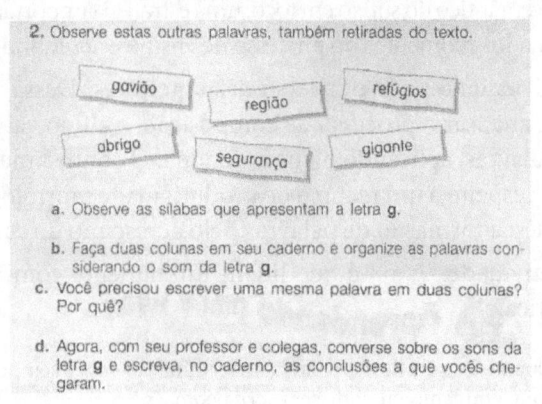

2. Observe estas outras palavras, também retiradas do texto.

gavião   região   refúgios
abrigo   segurança   gigante

a. Observe as sílabas que apresentam a letra g.
b. Faça duas colunas em seu caderno e organize as palavras considerando o som da letra g.
c. Você precisou escrever uma mesma palavra em duas colunas? Por quê?
d. Agora, com seu professor e colegas, converse sobre os sons da letra g e escreva, no caderno, as conclusões a que vocês chegaram.

O exercício (a) propõe ao aluno observar as sílabas que apresentam a letra G em um conjunto de palavras retirado de um texto lido. Em seguida, o item (b) solicita que ele organize tais

---

7 ORCHIS; CHU; SIMONCELLO, 2005 (3ª série, p. 111-112).

palavras em duas colunas, de acordo com os sons representados pelo G, induzindo-o a perceber que essa letra representa dois sons: "gê" (como em *gente* e *girafa*) e "guê" (como em *gago* e *gula*).

Em (c), o aprendiz precisa "descobrir" uma das palavras do conjunto (*gigante*) que tem duas ocorrências da letra G, cada uma correspondente a um dos sons que G pode representar. É um exercício interessante, que apresenta um desafio maior ao aluno.

Por fim, o item (d) propõe a interação entre alunos, com a participação do professor, que deverá ajudar as crianças na sistematização da aprendizagem, com o registro da regra contextual inferida: diante das vogais E e I, a letra G representa o som "gê"; diante das demais vogais (A, O e U), representa o som "guê".

Casos de irregularidade ortográfica
Emprego ortográfico das letras S e Z em famílias de palavras

Na ortografia do português, uma das grandes dificuldades para aprendizes e usuários adultos é o uso da letra S, porque ela pode representar sons diferentes (como em *sapo* e *casa*) e pode ser usada em contextos em que tem "concorrentes": *cansar* e *dançar*; *valsa* e *calça*; *mesa* e *beleza*. O caso do sufixo *-oso* também exemplifica a dificuldade do aluno iniciante, que pode se confundir porque, no contexto intervocálico, a letra S "concorre" com a letra Z.

A série de atividades[8] examinada a seguir trata do uso ortográfico das letras S e Z em famílias de palavras. Já tratamos disso anteriormente, com palavras da família de *jeito* (*jeitoso, ajeitado, jeitinho*). Quem conhece o princípio ortográfico de que palavras da mesma família preservam a grafia de seu radical tem mais facilidade para resolver alguns dos casos de dúvida a respeito do uso da letra S, que se caracteriza como irregularidade ortográfica.

---

[8] CEREJA; MAGALHÃES, 2004 (2ª série, p. 192-194).

A atividade 4 começa apresentando uma lista de palavras da mesma família em que aparece a letra Z – *cozinha, cozer, cozido, cozinhar* –, dispostas de maneira a destacar, de um lado o radical (*coz-*) e de outro as terminações de cada uma delas (*-inha, -er, -ido, -inhar*). O objetivo é levar o aluno a observar o que há em comum entre todas as palavras: justamente o radical *coz-*. Com essa estratégia, a atividade possibilita ao aprendiz visualizar que o radical das palavras é que as caracteriza como sendo da mesma família.

A seguir, a atividade propõe ao aluno que escreva palavras da mesma família de quatro palavras com Z (*zumbe, zangar, zune* e *vizinho*) e faz uma pergunta crucial para levar o aluno a deduzir a regra ortográfica relativa a palavras cognatas: uma letra (no caso, Z) que aparece no radical de uma palavra permanece nas outras palavras da mesma família.

> Essas palavras são da mesma família, pois todas se referem à ação de preparar ou cozinhar os alimentos.
> a) Escreva palavras que sejam da mesma família de:
>   zumbe   zune
>   zangar   vizinho
> b) Nas palavras que você escreveu, a letra **z** foi trocada por **s** ou ela se manteve?

A atividade 5 tem a mesma proposta da atividade 4, mas focaliza o uso da letra S em palavras da mesma família.

Com isso, possibilita ao aluno compreender que se trata de uma regra geral, e não de casos isolados. Assim como ocorre com o Z, a letra S permanece em todas as palavras que ele formar porque está no radical delas. Ele vai formar palavras da mesma família.

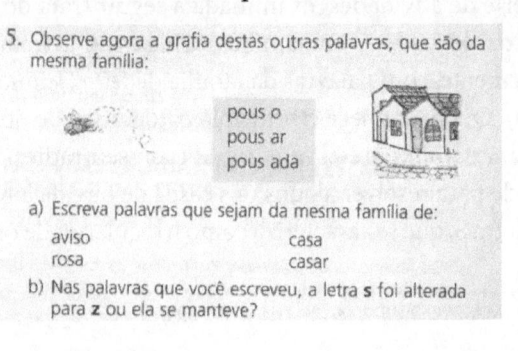

> 5. Observe agora a grafia destas outras palavras, que são da mesma família:
>   pous o
>   pous ar
>   pous ada
> a) Escreva palavras que sejam da mesma família de:
>   aviso   casa
>   rosa   casar
> b) Nas palavras que você escreveu, a letra **s** foi alterada para **z** ou ela se manteve?

A atividades 6 lida com a conclusão propiciada pelas análises feitas. A partir dos casos vistos (emprego ortográfico de Z e S, respectivamente, em famílias de palavras), busca levar o aluno a deduzir o princípio geral: as letras do radical de palavras de uma mesma família permanecem em todas essas palavras.

Por fim, o exercício 7 visa sedimentar o aprendizado com a aplicação da regra "descoberta" a uma lista de palavras, distinguindo as que são e as que não são da mesma família.

> 7. Em cada grupo de palavras a seguir, há uma que não pertence ao grupo. Descubra qual é essa palavra e transcreva-a em seu caderno.
>
> a) azeite, azeitona, caseiro, azeitado
>
> b) azedo, azedume, analisar, azedar
>
> c) zangar, asa, zangado, zanga
>
> d) cruz, pus, cruzeiro, cruzada

Emprego ortográfico das letras S, X e Z

Analisamos a seguir duas atividades[9] que tratam do uso ortográfico das letras S, X e Z, representando um único som, o som "zê". Esse é mais um caso de irregularidade ortográfica.

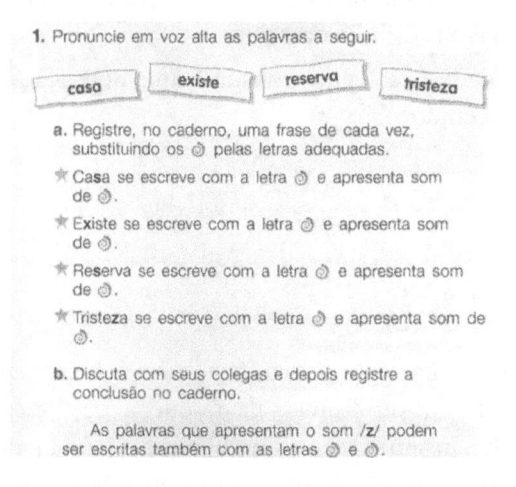

> 1. Pronuncie em voz alta as palavras a seguir.
>
> casa   existe   reserva   tristeza
>
> a. Registre, no caderno, uma frase de cada vez, substituindo os ◌ pelas letras adequadas.
>
> ★ Casa se escreve com a letra ◌ e apresenta som de ◌.
>
> ★ Existe se escreve com a letra ◌ e apresenta som de ◌.
>
> ★ Reserva se escreve com a letra ◌ e apresenta som de ◌.
>
> ★ Tristeza se escreve com a letra ◌ e apresenta som de ◌.
>
> b. Discuta com seus colegas e depois registre a conclusão no caderno.
>
> As palavras que apresentam o som /z/ podem ser escritas também com as letras ◌ e ◌.

---

[9] ORCHIS; CHU; SIMONCELLO, 2005 (2ª série, p. 105).

As atividades trabalham com um importante aspecto da relação letra-som no sistema ortográfico do português: um som pode ser representado por mais de uma letra. Consideramos essa proposta didática bem elaborada porque esgota todas as possibilidades de representação escrita do som "zê" – as letras S, X e Z.

Quando propõe que o aluno pronuncie as palavras em voz alta, a atividade 1 o ajuda a perceber a irregularidade da relação letra/som no caso em estudo. O item (a) é bem mais que um exercício de preenchimento de lacunas. A complementação das frases dadas vai resultar na explicitação do que foi observado antes. É um exercício que exige raciocínio e favorece a apreensão, pelo aluno, de um ponto fundamental da nossa ortografia: nem sempre a fala e a escrita apresentam uma relação biunívoca, em que cada som é representado por apenas uma letra e cada letra representa apenas um som. Em muitos casos, como o das diferentes representações ortográficas do som "zê" ou daqueles em que uma letra representa mais de um som (por exemplo, o da letra G, já discutido), não há esse tipo de relação. Por isso, as frases que o aluno vai completar no exercício (a) permitirão a ele enxergar com mais clareza que o som "zê" pode ser representado por três diferentes letras: S, X e Z. O exercício (b) sistematiza a aprendizagem possibilitada em (a).

A atividade 2, a seguir, constitui uma aplicação adequada para o caso em foco:

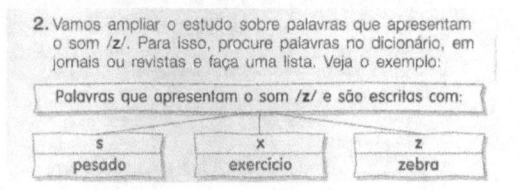

> 2. Vamos ampliar o estudo sobre palavras que apresentam o som /z/. Para isso, procure palavras no dicionário, em jornais ou revistas e faça uma lista. Veja o exemplo:
>
> Palavras que apresentam o som /z/ e são escritas com:
>
> | S | X | Z |
> |---|---|---|
> | pesado | exercício | zebra |

Como não há regra ortográfica que estabeleça quando se escreve com S, X ou Z uma palavra que apresenta o som "zê", a atividade 2 propõe que o aluno observe e reúna palavras que apresentam o som "zê", classificando-as em três colunas segundo a letra que o representa. Essa é uma boa atividade para o aluno conhecer a ortografia de palavras com tal som, tendo em vista que, como não há regra nesse caso, o aprendizado ocorre com o conhecimento e a memorização da grafia de palavra por palavra.

Diversas representações ortográficas do som "sê"

A série de atividades[10] que passamos a analisar se refere a cinco exercícios que lidam com o que chamamos de caso "extremo" de irregularidade ortográfica: as diversas representações ortográficas do som "sê".

A atividade 1 apresenta as palavras *nascem, caçavam* e *pensa*, solicitando ao aluno que perceba qual é o som consonantal comum a todas elas. Esse exercício chama a atenção para três diferentes formas de representar, na escrita, o som "sê" (o dígrafo SC e as letras Ç e S) e solicita ao aprendiz que encontre, em um texto lido, palavras que apresentam outras formas de representar o mesmo som.

A atividade 2 avança apresentando oito formas de representar o som "sê", que, dentre todos os sons do português, é o que possui o maior leque de representações ortográficas: SS – SC – Ç – S – C – XC – SÇ – X. O exercício solicita ao aluno que encontre pelo menos dez palavras para cada uma das oito possíveis grafias do som "sê". Essa questão contribui para a memorização da forma ortográfica de palavras com esse som. Contudo, a atividade pede que a criança encontre 10 palavras para cada uma das oito grafias, sem levar em conta a frequência delas no nosso sistema ortográfico. Nesse caso, seria bom perguntar ao aluno se ele conseguiu encontrar 10 palavras para cada uma das oito grafias indicadas e, se teve dificuldade para achar palavras com alguma(s) delas, quais foram e a que ele atribui isso. Provavelmente será mais difícil encontrar palavras grafadas com SÇ, XC, SC e X. A forma SÇ, em especial, é muito pouco frequente em nossa ortografia. Ela ocorre restritamente, por exemplo, em verbos com SC na forma

---

[10] FARACO; MOURA, 2006 (5ª série, p. 124-125).

de infinitivo (*nascer, descer*) conjugados na 3ª pessoa do singular do presente do subjuntivo (*nasça, desça*).

A atividade 3 avança mais ainda, levando o aprendiz a refletir sobre os contextos em que algumas das grafias do som "sê" ocorrem, a partir do conjunto de palavras formado como resposta à atividade 2:

 a) Quais das grafias acima nunca aparecem no início de uma palavra?
 b) Quais nunca se usam depois de uma consoante?
 c) Qual nunca se usa antes de *e* e *i?*
 d) Quais podem representar outros fonemas (sons), em outras situações?

Essa proposta permite que o aluno reflita sobre a ortografia de formas irregulares, criando algumas generalizações possíveis a respeito da representação ortográfica de tal som. Por exemplo:

- os dígrafos SS, SC, XC e SÇ nunca aparecem em início de palavra;
- os dígrafos SS, SC, XC, SÇ e a letra X não ocorrem depois de consoante, diferentemente das letras Ç, S e C, que ocorrem nesse contexto, respectivamente, em palavras como *cadarço*, *perspectiva* e *marcial*;
- a letra C representa o som "sê" quando diante de E e I, o que exclui o uso de Ç antes dessas vogais;
- as letras S e X podem representar outros sons, em outros contextos. Por exemplo, a letra S, entre vogais, representa também o som "zê" (*rosa*), já a letra X pode representar o som "ksê" nesse mesmo contexto (*táxi*).

Já a atividade 4 solicita ao aluno que substitua o símbolo ■ "por uma das grafias das grafias que podem representar o fonema /s/:"

Eram pe■oas que não ■abiam falar.
Nenhum pa■atempo cons■eguiu distraí-la.

Tinha o pesco■o comprido e gro■o.
Acontе■eu uma coisa que ■ó aconte■e quando a gente acredita.

Após refletir a respeito de algumas generalizações possíveis sobre os contextos de ocorrência das grafias do som "sê" na atividade 3, o aluno é desafiado, na atividade 4, a grafar corretamente tal som em palavras de quatro frases. Esse exercício demanda do aprendiz a aplicação das conclusões a que chegou na atividade anterior. Se, por exemplo, ele ainda não tiver memorizado a grafia da palavra *pessoas*, muito frequente no universo de leitura e escrita com que ele convive, poderá levar em conta Ç ou SÇ como possibilidades de grafia para o som "sê", já que essa letra e esse dígrafo podem ocorrer entre as vogais E e O, respectivamente, em formas verbais como *meço* e *desço*. Por outro lado, o aluno deverá descartar, por exemplo, a letra S que, entre vogais, representa o som "zê". Para uma palavra como *sabiam*, só haverá uma única possibilidade: a grafia com S, porque as outras grafias possíveis para o som "sê" não cabem no contexto de início de palavra e diante da vogal A. Do mesmo modo, vão exigir raciocínio – e não preenchimento mecânico de lacunas – as grafias de *pescoço* e *grosso*, por exemplo.

A atividade 5, finalmente, propõe que o aluno observe um conjunto de palavras de uma mesma família (*nascer – nascem – nascimento – nascemos – renascer – renascido*) e informar que palavras dessa natureza geralmente são escritas da mesma forma. Depois, pede que o aprendiz escreva palavras da mesma família de um conjunto de palavras dado, com diferentes grafias para o som "sê":

> excesso – assassino – consciente – ciência –
> sopro – passo – saber – adição – compreensão

Esse exercício busca levar o aluno a ampliar seu repertório de palavras com diferentes grafias do som "sê", de modo a favorecer a memorização de itens lexicais que se enquadram nesse caso de irregularidade ortográfica.

Emprego ortográfico da letra X e do dígrafo CH

A série de atividades[11] analisada a seguir focaliza o emprego ortográfico da letra X e do dígrafo CH, que representam um mesmo som, "xê". Os exercícios abordam as duas únicas possibilidades de representação ortográfica do fonema "xê" (o X e o CH), a partir da letra da canção *Dom Quixote*, gravada pelo grupo *Os Mutantes* e composta por Arnaldo Baptista e Rita Lee.

O texto é rico em ocorrências de palavras com X e CH, focalizadas nas atividades. A escolha da letra de uma canção, ainda que desconhecida das crianças destinatárias do LD, é oportuna, por permitir que os alunos percebam mais facilmente a recorrência do som "xê" – a aliteração desse som é um dos elementos constitutivos da "poeticidade" do texto.

Vejamos a primeira atividade, que apresenta um conjunto de palavras retirado do texto lido.

> chance – chupando – chiclete – chicote – Sancho – chegar – fechou – Quixote – puxe

Com esse conjunto de palavras, o exercício pergunta ao aluno:

> Quando você lê em voz alta essas palavras, que som ocorre em todas elas?
> Que letras ou grupo de letras são usados para representar esse som?
> Qual dessas formas de representar esse som é mais frequente no texto 3?

Assim, o estudante tem oportunidade de observar que: (1) o som "xê" ocorre em todas as palavras; (2) as letras X e o dígrafo CH representam o som "xê"; (3) o dígrafo CH é mais recorrente no texto.

Com a atividade 1, o aluno conhece as duas possibilidades de representação ortográfica do fonema "xê". As atividades 2, 3 e 4 possibilitam à criança consolidar esse aprendizado. Como não

---

[11] FARACO; MOURA, 2006 (5ª série, p. 79-80).

há uma regra para o emprego da letra X e do dígrafo CH representando o som "xê" (a não ser pelo conhecimento de famílias de palavras), esse emprego é caracterizado como um caso de irregularidade ortográfica.

A atividade 2 solicita ao aluno listar outras palavras que conheça com o som "xê" e, em seguida, comparar suas palavras com as de seus colegas. Essa estratégia, que favorece a memorização, é adequada para o ensino de casos como esse, de grafia arbitrária.

A atividade 3 pede ao aluno que separe as palavras com o som "xê" que são escritas com X das que são escritas com CH. Esse exercício possibilita ao aprendiz visualizar as diferentes representações de tal som.

Por fim, a atividade 4 primeiro solicita ao aluno que selecione palavras com X e CH em jornais e revistas, ou seja, palavras em uso. Em seguida, pede que escolha algumas dessas palavras, leia-as e, junto com um colega, produza um texto com as escolhidas. A produção escrita, nesse caso, não está a serviço da aprendizagem da elaboração de textos, posto que não traz indicação de tema, gênero, objetivo e interlocutor, nem orienta quanto às operações de planejamento, revisão e reescrita. No entanto, tem utilidade como estratégia de familiarização e memorização de palavras de grafia irregular, em que não há regra a aprender, como é o caso das duas possibilidades de representação do som "xê".

Considerações finais

Um dos pontos que buscamos demonstrar e exemplificar neste artigo é que, para ser eficaz, o ensino de ortografia deve dar tratamento diferente aos distintos casos de regularidade ortográfica bem como à diversidade de casos de irregularidade.

Além disso, procuramos evidenciar que é sempre possível convidar o aprendiz a refletir sobre a ortografia, em vez de obrigá-lo a tarefas mecânicas que não exigem trabalho intelectual, como cópias e preenchimento de lacunas sem reflexão. No caso das regularidades – diretas ou contextuais –, a atividade é proveitosa quando enseja ao aprendiz "descobrir" regras ortográficas. Nas irregularidades, os exemplos discutidos, em primeiro lugar, mostram ser possível propor desafios que demandam o raciocínio do aluno para concluir que se trata, efetivamente, de casos que não seguem o princípio das relações biunívocas letra/som, nem obedecem a regras contextuais. Em segundo lugar, as atividades analisadas fizeram ver que, mesmo em algumas ocorrências de irregularidades, o aluno poderá "descobrir" casos especiais que seguem regras mais restritas. Por exemplo: observando as várias possibilidades de representação gráfica do som "sê", pode-se depreender uma regra específica para o uso de C ou Ç.

Por fim, as atividades aqui analisadas demonstram como é interessante partir de dados da língua, palavras em uso, para levar o aluno a refletir sobre a ortografia.

Evidentemente, toda reflexão, toda "descoberta" do aluno será sempre mediada pelo professor, figura essencial nesse processo de apropriação do sistema de escrita. Para tanto, o docente deve ter clareza quanto às particularidades nas variações de correspondência entre som e letra, a fim de explorar melhor atividades como as que foram apresentadas. O livro didático pode ser um bom aliado, mas por si só não garante a apropriação do conhecimento ortográfico pelos alunos. Outras atividades e oportunidades deverão ser criadas e exploradas pelo professor, a fim de que as crianças compreendam as convenções ortográficas do português e façam uso cada vez mais competente da leitura e da escrita no cotidiano.

Capítulo 4
CONHECIMENTOS LINGUÍSTICOS NA ESCOLA:
COMO OS LIVROS DIDÁTICOS VÊM CAMINHANDO NESSE TERRENO NEBULOSO?[1]

Clecio Bunzen

Entre a tradição e a inovação

As aulas de português têm como um de seus objetivos a sistematização dos conhecimentos linguísticos ao tomar a língua como objeto de reflexão. Para atingir esse objetivo, seria necessário fazer que as crianças das quatro séries iniciais do ensino fundamental manipulassem de forma (in)consciente, (a)sistemática e voluntária a língua (com destaque para a modalidade escrita) através de atividades elaboradas por professores ou por autores de livros didáticos, apostilas, *softwares* educativos etc. Nessa direção, os livros didáticos de língua portuguesa (LDP) assumem um papel central na construção de saberes sobre a língua, visto que apresentam e divulgam objetos de ensino historicamente reconhecidos como legítimos, além de trazer uma cadeia de atividades e ações didáticas que envolvem explicações, perguntas, repetições, associações, comparações, memorizações e explicitações.

As propostas didáticas para o ensino dos conhecimentos linguísticos têm relação sócio-histórica com os diferentes modos de analisar e compreender a língua. Durante séculos, as práticas

---

[1] Agradeço as contribuições da professora Maria da Graça Costa Val, de Rosana Ramos, Daniela Manini e Alexandro Silva.

escolares têm considerado a linguagem como "um objeto estudável em si mesmo e por si mesmo" (LAHIRE, [1998], 2002, p. 107) e, por isso, têm tratado a língua como um sistema fechado.

É o chamado "ensino tradicional de gramática", em que o professor ensina uma técnica de analisar e classificar elementos da língua – sílabas, palavras, prefixos e sufixos, estruturas sintáticas –, tomando esses elementos em si mesmos, não situados em um texto, nem em um contexto. Nesse processo de ensino, o professor, buscando transmitir conhecimentos, expõe conteúdos gramaticais de maneira dedutiva (do geral para o particular) e normativa (MENDONÇA, 2006, p. 207). Daí a preferência por exercícios de identificação e classificação de unidades e/ou funções morfossintáticas e pela correção. Podemos exemplificar com as atividades transcritas a seguir (LUNA. 1997, 4ª série, p. 23-27):

Exemplo 1

1. Retire de textos de jornais algumas palavras.
2. Circule a sílaba tônica de cada uma.
3. Sublinhe as átonas.

Após explicar ao estudante de 4ª série que "todas"[2] as palavras em Português têm uma sílaba tônica e que as demais são chamadas *átonas*, a atividade pede que ele analise a tonicidade das palavras retiradas do jornal. Assim, enfatiza o reconhecimento de sílabas através da aplicação da teoria gramatical explicitada.

Exemplo 2

Copie e sublinhe a sílaba tônica de cada palavra abaixo:

| CAVALO | GALOPE |
| PENSAMENTO | VENTO |

---

[2] Essa afirmação não é correta, pois não leva em conta a existência de monossílabos átonos no português (*um, cem, eu, de, com, sem, nem, que, se* etc.).

Exemplo 3
   Como são chamadas as outras sílabas?

Essa atividade enfatiza classificação e o uso da terminologia gramatical para classificação da tonicidade das sílabas.

Exemplo 4
   Copie, identificando o grau do adjetivo sublinhado. Veja o modelo:
   Visitei um castelo <u>antiquíssimo</u>.
   → Grau superlativo absoluto sintético
   1. A girafa tem um pescoço <u>compridíssimo</u>.
   2. Aquele carro <u>é o mais caro</u> de todos.
   3. O ator ficou <u>muito famoso</u>.
   4. O gás natural é <u>o menos poluente</u> de todos.

Depois de explicar e exemplificar a flexão em grau dos adjetivos, a proposta solicita que os alunos classifiquem os trechos sublinhados nas frases, de acordo com a teoria e terminologia gramatical expostas (MORAES, 1995). O que importa, nessa atividade, não são os efeitos de sentido que as expressões poderiam sugerir quando usadas em textos, mas a análise feita numa nomenclatura especializada.

Assim, concordamos com a afirmação de Lahire ([1998] 2002) de que o ensino escolar tem priorizado *unidades da língua* e não *unidades da troca verbal*, produzida em situações concretas de interação.

Neste ponto, queremos deixar claro que, a nosso entender, a escola pode (e deve) trabalhar com unidades da língua em diversos níveis (fonológico, morfossintático, semântico etc.). Letras, sílabas, palavras, frases podem ser objetos de análise na esfera escolar, desde que os objetivos didáticos e pedagógicos se voltem para um trabalho de *reflexão* sobre a língua(gem) situada, para o uso da linguagem (cf. SILVA, 2008).

Desde os anos 1970, ganhou força a discussão sobre o ensino-aprendizagem de língua materna, proporcionada por estudos sobre: a psicogênese da língua escrita, o fenômeno da variação linguística, a aquisição da língua oral e escrita, as inter-relações entre as modalidades oral e escrita, o ensino de gramática e sua relação com a reflexão sobre a língua, a textualidade e os gêneros textuais, as práticas de letramento escolar, entre outras questões. Um dos focos dessa discussão foi *o que, por que* e *como* trabalhar no ensino da língua materna, com destaque para o *porquê* e o *como* praticar "novas" formas de refletir sobre os conhecimentos linguísticos.

Nos anos 1980 e no início dos anos 1990, postula-se que a unidade de ensino privilegiada na escola deve ser o *texto*, com ênfase nas capacidades de leitura e produção de textos escritos e orais.

Se o texto deve ser a unidade privilegiada, grande parte dos professores passa a se perguntar o que fazer com as outras unidades da língua que o então chamado ensino primário vinha enfatizando (letras, sílabas, frases). Tornou-se visível também a preocupação de professores e autores de LDP com a utilização ou não de uma metalinguagem específica para o trabalho: não se deve mais falar em "ditongos, hiatos, substantivo coletivo, pretérito perfeito?". E de que modo esses conteúdos seriam ensinados: haveria uma maneira mais adequada para o trabalho com os conhecimentos linguísticos na escola?

Impulsionados por essas discussões, os *Parâmetros Curriculares Nacionais de Língua Portuguesa* para os dois primeiros ciclos do ensino fundamental, publicados em 1997, são um dos documentos oficiais representativos da tentativa de inovar no tratamento dos conhecimentos linguísticos na sala de aula.

Ao organizar os conteúdos de Língua Portuguesa em dois eixos de ensino – "o uso da língua oral e escrita" e "análise e reflexão sobre a língua" – os PCN (p. 35) retomam concepções e formas de tratamento que vinham sendo debatidas no círculo acadêmico. O documento propõe a inter-relação entre os dois eixos das práticas de linguagem (uso e reflexão) e reafirma o *texto* como unidade básica do ensino.

Para Geraldi (1984; 1991), a reflexão linguística seria uma das maneiras de pensar as ações que os sujeitos fazem com e sobre a linguagem, de pensar sobre as expressões linguísticas que utilizamos ou que replicamos durante a leitura/escuta de textos. Essa concepção se relaciona com as noções de "contrapalavra" e de "compreensão ativa e responsiva", da teoria bakhtiniana.

Ainda que revozeando as propostas de Geraldi (1984; 1991), os PCN (1997), consideram a análise linguística (AL) mais na dimensão didática do que nas ações linguísticas inerentes ao processo de interação verbal. A tentativa é mostrar como se pode realizar a AL em sala de aula, com atividades de reflexão sobre a língua, classificadas em *epilinguísticas* e *metalinguísticas*.

As atividades epilinguísticas se realizariam quando o aluno se voltasse para sua própria fala ou escrita, refletindo sobre o uso da língua. Segundo os PCN, essas atividades devem anteceder a reflexão metalinguística, priorizando "a capacidade humana de refletir, analisar e pensar sobre os fatos e os fenômenos da linguagem" (p. 53). Assim, o documento (p. 30) sugere o planejamento de situações didáticas que "possibilitem reflexão sobre os recursos expressivos presentes no texto – quer esses recursos se refiram a aspectos gramaticais, quer a aspectos envolvidos na estruturação dos discursos – sem que a preocupação seja a categorização, a classificação ou o levantamento de regularidades sobre essas questões".

As atividades metalinguísticas, relacionadas com a "propriedade que a linguagem tem de poder referir-se a si mesma" (PCN, p. 53), são recomendadas como uma "análise voltada para a descrição, por meio da categorização e sistematização dos elementos linguísticos" (p. 30). Geraldi (1991, p.190-191) alerta que o uso de metalinguagem deve voltar-se para o processo de produção do conhecimento e não para o reconhecimento de nomenclatura fixa e predeterminada. Entretanto, como adverte Morais (2002), o termo "reflexão metalinguística" tem sido tomado como sinônimo de ensino da terminologia gramatical.

Ainda que de forma vaga e em linguagem especializada, os PCN oferecem sugestões de encaminhamento didático para o ensino dos conhecimentos linguísticos, priorizando a análise da língua em diferentes modalidades e situações de uso, propondo reflexão e operação sobre os significados que os usos das formas linguísticas podem expressar – em textos dos alunos ou em textos diversos (APARÍCIO, 2006, p. 89).

Assim, o trabalho com os "gêneros textuais", tomados como objeto de ensino nos PCN (1997), bem como a busca de articulação entre o eixos de ensino propostos pelo documento oficial têm sido postos em ação, nos últimos anos, pelos agentes responsáveis pela construção do currículo: professores, pedagogos, linguistas e linguistas aplicados; autores e editores de livros didáticos, entre outros. Em relação aos LDP, a avaliação instituída pelo MEC, através da análise dos conteúdos e dos procedimentos teórico-metodológicos, tem contribuído para legitimar novas possibilidades de tratamento dos conhecimentos linguísticos.

Avaliação dos conhecimentos linguísticos em doze anos de PNLD

A avaliação oficial e sistemática conduzida pelo PNLD tem impulsionado mudanças consideráveis no perfil das coleções didáticas de língua portuguesa voltadas para o ensino fundamental. Podemos avaliar algumas dessas mudanças como negativas. Uma delas é que o Programa oferece um modelo de LDP e, com isso, pode desencadear um "processo de uniformização pedagógica e editorial" (BATISTA, 2003). Já outras mudanças são positivas, pois se voltam para alterações didáticas e metodológicas produtivas quanto aos eixos e objetos de ensino (ROJO; BATISTA, 2003; BATISTA; COSTA VAL, 2004). Temos, então, de um lado, a tendência à padronização; de outro, o dinamismo das estratégias de editores e autores em competição no mercado, e as mudanças nos critérios de avaliação. A cada nova edição do PNLD, esses critérios são discutidos e modificados pelos agentes envolvidos (comissão técnica, coordenadores-gerais e regionais, avaliadores, revisores), para obter um instrumento analítico mais eficaz.

O PNLD, ao estabelecer critérios para avaliação dos LDP, traça e legitima caminhos teóricos e metodológicos relacionados ao tratamento dos eixos e objetos e ensino, constituindo-se, assim, um campo de atuação política para mudanças no ensino-aprendizagem de língua materna. Ao não avaliar como positivos projetos didáticos que se voltem exclusivamente para a transmissão e memorização de conteúdos gramaticais, o PNLD expressa sua compreensão de que, assim como os PCN (1997), perspectivas e procedimentos que considerem a língua em uso e realizem atividades de cunho reflexivo e crítico são mais adequadas para o trabalho escolar. Segundo Bagno (2007, p.119), "o processo de avaliação tem envolvido uma grande quantidade de linguistas e educadores, que vêm dando uma contribuição importantíssima para a elaboração de uma verdadeira *política linguística* exercida por meio do livro didático".

O PNLD considera ineficaz para a formação de leitores e escritores proficientes um trabalho dedicado essencialmente à nomenclatura e à categorização de palavras e estruturas sintáticas descontextualizadas, distantes dos usos da língua escrita e falada dos textos que circulam na sociedade. Essa opção teórico-metodológica – e também política – provoca perguntas como: qual é a finalidade de o aluno das séries iniciais saber categorizar adequadamente o grau do adjetivo nas expressões sublinhadas nas frases?

A forma tradicional de selecionar e organizar os objetos de ensino gera um conjunto fixo de conteúdos para cada série do EF e desconsidera o caráter social, histórico e dinâmico da língua. Daí surge outra pergunta: é desejável alterar essa organização dos conteúdos?

Outra questão importante é que a metodologia de ensino mais utilizada para ensinar os conteúdos organizados de acordo com a tradição escolar tem sido a transmissão de conceitos e regras, com foco em atividades de classificação e reconhecimento das unidades em frases e textos, bem como na aplicação das regras em exercícios. Os critérios de avaliação do PNLD têm invertido a metodologia tradicionalmente priorizada. O aluno é visto como um usuário da língua, que deve observar fenômenos linguísticos, comparar e refletir sobre eles, para chegar a determinadas regras e aplicá-las em contextos variados.

A partir do PNLD 2004, o enfoque teórico-metodológico voltado para os usos da língua(gem) ganha importância ainda maior. Destacam-se os termos "reflexão" e "construção" e as noções de *atividades epilinguísticas* e *metalinguísticas*. Como nos PCN (1997), valoriza-se a prática de AL voltada para o uso, baseada em uma metodologia construtiva/reflexiva fundada na indução: *observação dos casos particulares para a conclusão das regularidades/regras ou dos efeitos de sentido* (MENDONÇA, 2006).

Também desde 2004, ao lado da correção conceitual, a *correção e pertinência metodológica* tornou-se um dos critérios eliminatórios. O *Guia* 2004 postula critérios sobre o tratamento dos conhecimentos linguísticos que evidenciam a orientação da avaliação oficial e a concepção do que seja um trabalho pertinente quanto a esse eixo de ensino, como se pode ver na Introdução deste livro.

São critérios polêmicos. Do ponto de vista didático e metodológico, ainda não há consenso quanto a que tratamento e que espaço os conhecimentos linguísticos devem ocupar nas séries iniciais. Deve-se ou não ensinar "gramática"? Como implementar propostas de uma "didática dos conhecimentos linguísticos"? Como os conhecimentos normativos, textuais e discursivos podem aparecer nos livros didáticos para as séries iniciais: com sistematização ou sem sistematização? com uso de metalinguagem específica ou não?

Também a partir do PNLD 2004, ganha destaque o tratamento adequado das *unidades de análise* (fono-ortográficas, morfossintáticas) e de diferentes *dimensões* da língua (semântica, pragmática, textual, discursiva, sociolinguística). A novidade é a avaliação de conhecimentos linguísticos relativos ao discurso, ao texto e à descrição gramatical.

A dificuldade é que apenas começam a se consolidar propostas claras relativas à análise linguística dos usos da língua nos diversos gêneros que emergem das práticas sociais de linguagem. Tudo isso demonstra o terreno nebuloso em que pisam autores e professores ao tratar dos conhecimentos linguísticos na escola. Que dimensões priorizar? Que enfoques e metodologias usar para cada dimensão do objeto língua(gem)? Como realizar a progressão e a integração dos conteúdos?

O Edital do PNLD 2007[3] estabelece que as coleções devem privilegiar "a prática de análise e reflexão sobre a língua, na medida em que se fizer necessária ao desenvolvimento da proficiência oral e escrita, em compreensão e produção de textos" (p. 55). Essa prática deveria expandir "as possibilidades de uso da linguagem e a capacidade de análise crítica" (p. 56), como defendem os PCN (1997).

O processo de avaliação considerou, *com finalidade descritiva e não avaliativa*, dois aspectos relativos à organização e à opção pedagógica das coleções: os princípios estruturadores e a metodologia priorizada em cada eixo de ensino (com exceção do "desenvolvimento da oralidade", cujo tratamento, na maioria das obras, não foi significativo).

Essas duas inovações estão explicadas e exemplificadas na introdução do *Guia* do PNLD 2007. A primeira delas resultou no procedimento de agrupar as 37 coleções aprovadas em cinco blocos, de acordo com sua organização, que revela seu perfil didático. A segunda se refere a quatro abordagens metodológicas mais representativas do tratamento dado pelas obras aos eixos de ensino. Essas abordagens metodológicas também estão expostas e explicadas na introdução do *Guia*.

---

[3] Disponível em <www.fnde.gov.br>.

A comparação entre os cinco blocos de organização com a abordagem metodológica preferencial dada aos conhecimentos linguísticos possibilita algumas reflexões.

Os conhecimentos linguísticos foram desdobrados em três conjuntos de objetos de ensino: gramática, ortografia e análise textual. Os dois primeiros apontam para conteúdos da tradição escolar; o terceiro, para objetos de ensino ainda fluidos (coesão, intertextualidade, efeitos de sentido). Uns e outros emergem da sedimentação de práticas e metodologias diversas para ensinar diferentes dimensões do objeto língua.[4] Temos, então:

1. As coleções organizadas por unidades temáticas, no ensino de gramática e ortografia, mesclam dois procedimentos metodológicos: a construção/reflexão (77%) e a transmissão (53%). Vejamos exemplos cujo enfoque é o da transmissão (CAVALCANTE. 2005, 1ª série, p. 147):

Exemplo 5– Transmissão
Substantivos são palavras que podem nomear pessoas, objetos, lugares, plantas, animais, sentimentos e outras coisas.

Chris Browne. "Hagar". In Folha de S. Paulo, 19/4/2000, Intercontinental.

2. Na tirinha, há dois substantivos. Encontre-os e copie-os.
3. Qual dos substantivos abaixo é sinônimo de região? Assinale-o.
   ( ) casa   ( ) prédio   ( ) lugar.

---

[4] Em trabalhos anteriores (cf. Bunzen, 2007; Bunzen e Rojo, 2005), temos defendido a ideia de que os objetos de ensino não são neutros (muito menos a sua escolha e as possíveis formas de apresentação, mas objetos de disputas epistemológicas, econômicas, políticas e culturais.

O exemplo 5 faz parte da unidade temática "Viagem e diversão" e está localizada na seção *Refletindo sobre a língua: substantivo*. O projeto didático interrelaciona o tema da unidade – viagem e turismo – com o ensino de um conteúdo gramatical. A escolha de uma tirinha revela a aposta no trabalho lúdico – "divirta-se lendo" – para "refletir sobre o conceito de substantivo" (Manual do Professor[5], p. 35). A primeira atividade pede a localização de dois substantivos (*mapa* e *região*), para promover o reconhecimento dessa classe gramatical. A segunda questão destaca a relação de sinonímia entre os termos *região* e *lugar*.

Com essa abordagem metodológica, é possível responder às atividades sem ter compreendido o efeito de humor característico do gênero *tirinha*, utilizado apenas para manter o enfoque temático da unidade e criar um tom de "aprender se divertindo". A proposta expõe um conceito gramatical, apresenta exercícios de aplicação em que as formas linguísticas são extraídas seu contexto e não promove qualquer exploração de aspectos textuais e discursivos.

2. As coleções organizadas por unidades temáticas conjugadas com gêneros e/ou tipos de texto também mostram um trabalho híbrido das metodologias. Há propostas que mesclam a perspectiva transmissiva com a abordagem construtiva no ensino de gramática e ortografia (42% das coleções). Apesar disso, há ênfase maior no ensino de gramática e ortografia via construção/reflexão (75% das coleções) e, diferentemente dos demais blocos, aparecem duas coleções que trabalham a gramática através do uso situado. Os exemplos 6 e 7 ilustram as abordagens construção/ reflexão e uso situado em livros analisados no PNLD 2007.

Exemplo 6 – Construção/Reflexão
BOLO DE CENOURAS DE DONA ZIZI
(Gomes, 2005, 1ª série, p. 126-127 e 133.
O que vamos usar?
3 cenouras médias picadas

---

[5] Daqui em diante será usada a sigla MP no lugar da expressão *Manual do Professor*.

1 xícara de óleo
4 ovos
2 xícaras de farinha de trigo
1 colher de fermento
2 xícaras de açúcar
Como vamos fazer?
Peneire a farinha, o açúcar e o fermento **numa** tigela e misture.

Bata as cenouras, os ovos e o óleo no liquidificador e despeje **na** tigela. Mexa devagar até tudo ficar bem misturado.

Espalhe um pouco de óleo e farinha numa fôrma para a massa não grudar.

Despeje a massa, leve ao forno e deixe assar por meia hora.

Discutindo

Compare esta segunda maneira de explicar com a original, que aparece na receita.

*Peneire a farinha, o açúcar e o fermento **numa** tigela e* misture.

Bata as cenouras, os ovos e o óleo no liquidificador e despeje ***numa*** tigela.

1. Qual a diferença entre a primeira e a segunda forma de explicar?

Na primeira forma, você despejaria os ingredientes batidos na mesma tigela em que estão misturados a farinha, o açúcar e o fermento?

E na segunda forma, o que você faria? Por quê?

2. Releia estas instruções.

   Mexa devagar até tudo ficar bem misturado.

A que ingredientes se refere a palavra *tudo*? Volte à segunda parte do texto, descubra e responda.

a) Qual a importância das palavras *devagar* e *bem* para essa receita? Discuta.

O exemplo 6 traz uma cadeia de atividades de análise linguística de uma receita que compõe uma unidade didática sobre textos instrucionais. Como complemento às atividades de leitura e produção do gênero *receita*, a proposta didática trabalha vários conhecimentos linguísticos. Há atividades que exploram a função dos numerais na receita, o uso da vírgula para construção da textualidade, as mudanças decorrentes da concordância nominal (*uma xícara* ou *duas xícaras*). As perguntas levam a criança a procurar explicar o que houve e por que esses fenômenos ocorrem.

Esses exercícios caracterizam-se como análise linguística que requer reflexão sobre o uso da linguagem e propõe comparações entre diferentes usos. A atividade 1 solicita comparação entre dois exemplos de instruções da receita, para fazer a criança perceber os efeitos de sentido produzidos pelo uso do artigo definido ou do indefinido. A atividade 2 explora o processo de referenciação pelo pronome indefinido *tudo* e a 3 trabalha com a função do advérbio como elemento modificador da ação, especialmente no gênero *receita*.

Destaca-se o fato de as atividades pedirem explicitamente que as crianças expliquem, discutam e/ou justifiquem sua resposta, o que favorece a sistematização da reflexão linguística. Ao mesmo tempo, realizam um trabalho com várias classes de palavras (verbos, advérbios, numerais, artigos, pronomes) em função dos efeitos de sentido decorrentes de seu uso na receita analisada. Observa-se também a ausência da nomenclatura técnica. O LD se refere aos termos destacados como "palavra(s)". O objetivo não é classificar palavras, seguindo a progressão escolar clássica, mas fazer que as crianças percebam possíveis efeitos de sentido produzidos pelo emprego de algumas classes num determinado texto de determinado gênero.

O ponto de partida da atividade do **Exemplo 7**, de um LD de 3ª série (SOARES. 1999, 3ª série, p. 119), é a leitura de uma reportagem para crianças: "Menino cria animais assustadores", publicada no suplemento infantil *Folhinha*, em 1997. Ela traz casos e depoimentos de jovens que convivem com animais de estimação diferentes: cobras, escorpiões, sapos etc.

> **Exemplo 7 – Uso situado**
>
> 1. Você conhece estes sinais:
>
> Releia os seguintes trechos que, no texto, estão entre aspas. Localize cada um e descubra por que estão entre aspas:

"O meu preferido é o Léo (um lagarto de nome Leopoldo). Ele dorme comigo quase sempre", diz.
"No começo fiquei preocupada por Jorge criar esses bichos. Mas depois aceitei, pois ele aprendeu a manuseá-los", diz a mãe...
"Quero montar um serpentário", diz ele.
"A vizinhança já se acostumou com essa bicharada. De vez em quando, o lagarto foge para a casa ao lado, mas a vizinha o devolve", diz a mãe do biólogo-mirim.

2. Observe que, depois de todos os trechos entre aspas, uma mesma palavra sempre aparece. Que palavra é?

Escreva, em seu caderno, qual ou quais das palavras seguintes poderiam substituir, em cada trecho, essa mesma palavra que você encontrou depois de todos os trechos entre aspas:

afirma	pergunta	declara
explica	exclama	reclama
	grita	

As duas atividades do exemplo 7, em um módulo temático sobre bichos de estimação, demonstram que há outras formas de tratar o discurso direto e os sinais de pontuação específicos. As aspas são apresentadas em uma situação de uso, em um gênero específico: reportagem. Durante muito tempo, as atividades que predominavam eram de transformação do direto para o indireto, com ênfase nos sinais de pontuação mais utilizados (dois pontos, travessão e aspas). As atividades estão justamente numa seção didática intitulada "Língua oral – língua escrita", que tem o objetivo de pensar as semelhanças e diferenças entre essas duas modalidades através do uso de recursos estilísticos específicos de determinados gêneros.

Nos gêneros da esfera jornalística – especialmente notícias e reportagens – é comum haver citações dos entrevistados, com a utilização frequente de aspas. As questões 1 e 2 levam o aluno justamente a identificar os recursos da língua escrita que servem para indicar uma citação marcada do discurso de outrem, comuns na imprensa cotidiana. São apresentados dois aspectos:

o uso de aspas para indicar o discurso direto e a utilização de verbos de enunciação (*dizer, declarar, explicar*) que normalmente acompanham a citação.

Um aspecto importante, frisado no MP, é a negação do termo técnico (*verbo*) na segunda atividade. "Não se usa a terminologia verbo, por se julgar que, neste nível de escolaridade, ela é desnecessária e prematura; entretanto, se julgar conveniente, o professor poderá já introduzir esse termo".

3. As coleções compostas por unidades e projetos temáticos apresentam mais homogeneidade do ponto de vista metodológico, pois os conteúdos de gramática, ortografia e análise textual são enfocados através da construção/reflexão (80%) e do uso situado (40%). Apresentamos um exemplo (PRIOLI, 2005, 3ª série, p. 78-79) de *uso situado*.

Exemplo 8 – Uso situado
O PASTOR E O LOBO

Um pastor costumava levar seu rebanho bem longe da sua aldeia. Fazia, então, uma brincadeira de mau gosto:

O pastor gritava que o lobo estava atacando seus carneiros.

As pessoas largavam o que estavam fazendo para ajudar o pastor. O pastor ria muito, pois não havia nenhum lobo por perto.

Um dia o pastor se deu mal.

O pastor viu realmente o lobo se aproximando e gritou, desesperado.

Ninguém acreditou no pastor e o pastor perdeu todo o seu rebanho.

1. Você seria capaz de escrever a história que meu amigo me contou evitando a repetição da palavra *pastor*?

2. Leia sua história para a classe e ouça a de alguns colegas.

3. Comparem as alterações que vocês fizeram e conversem junto com o professor.

4. Registrem em seu caderno como é possível evitar a repetição de palavras em um texto.

A seção "De olho na gramática" traz atividades que enfocam a construção da textualidade e a revisão textual para evitar a repetição de termos nas narrativas. Como essa é uma das coleções que trabalham com projetos, nessa unidade os alunos são envolvidos na produção de um livro de histórias infantis. Essa atividade integra um processo maior, que abrange seções didáticas voltadas para a produção do livro: *Contando histórias, Mexendo nas histórias, Planejando sua história, Revisando sua história, Ilustrando a história, Produzindo um livro* etc.

A atividade focaliza o fenômeno da repetição como característico da oralidade informal ("a história que meu amigo me contou") e como algo que deve ser evitado porque afeta a qualidade do texto escrito.

Sabemos, como frisa Antunes (2005), que a repetição lexical pode exercer diferentes funções coesivas e, portanto, não constitui por si mesma um problema a ser sempre evitado em qualquer gênero e em qualquer contexto. Por outro lado, é preciso reconhecer a necessidade de levar os alunos das primeiras séries do ensino fundamental a refletir sobre formas de substituição lexical e sua relação com a coesão textual. O LD pretende que eles indiquem caminhos, possibilidades de reescrita por meio da utilização de pronomes (*ele, nele, o*), da substituição por palavras equivalentes naquele contexto, ou por meio da retomada por elipse (cf. ANTUNES, 2005). É dessa forma que a estratégia didática volta-se para o processo de reescrita dos textos e da elaboração do livro de histórias infantis.

4. As coleções organizadas com base em textos diversos se diferenciam dos blocos anteriores porque enfocam a gramática (50%), a ortografia (50%)[6] e a análise textual (100%) através do "aprender, fazendo". Coerentemente com a abordagem adotada em leitura e produção escrita, essas coleções dão à vivência o lugar central em suas

---

[6] Os outros 50% das coleções que ensinam gramática e ortografia via transmissão ou construção/reflexão.

propostas pedagógicas, não explicitando nem formalizando o que está sendo ensinado e aprendido, e fazendo pouco uso de metalinguagem especializada.

No **Exemplo 9**, a seguir, a atividade (TIEPOLO; MEDEIROS, 2004, 2ª série, p. 139-140) tem como base uma lenda que explica por que o nariz do porco é "curto, chato e franzino", numa unidade didática cujo tema é "a origem dos seres e das coisas".

> **Exemplo 9 – Vivência**
> PORCO NARIGUDO
> IMAGINE: PORCO COM TROMBA DE ELEFANTE!
> *O primeiro porco do mundo era assim. E o que ele mais gostava de fazer era andar por aí com o nariz erguido, se exibindo para os outros animais.*
> Mas um dia o porco estava com o nariz tão empinado que nem olhou para onde estava andando. [...]
> 1. Que palavra do segundo parágrafo dá sentido de oposição, de quebra da situação mostrada no primeiro parágrafo?
> 2. Releia a seguir o título, o subtítulo e o primeiro parágrafo do texto para fazer o que se pede.
>   a) Reescreva a primeira frase trocando "era assim" pela informação correspondente.
>   b) Reescreva a 2ª frase trocando "ele" pela palavra a que se refere.

Essas atividades integram um conjunto de doze questões, muitas das quais exploram conhecimentos linguísticos, mas não há uma seção didática específica para esses conhecimentos. O "aprender fazendo" aposta em exercícios que não são precedidos de transmissão de conteúdos nem seguidos de reflexão para construção de conhecimento sobre o objeto de ensino, como destaca o Guia do PNLD 2007. O MP traz apenas uma lista de tópicos relacionados ao funcionamento da língua escrita que são abordados na unidade: adjetivos pátrios, ortografia, ordem alfabética, palavras de origem indígena, coesão (pronome demonstrativo, concordância verbal), entre outros.

A atividade 1 pretende que o estudante identifique no segundo parágrafo do texto a "palavra" que estabelece uma relação de oposição e de quebra da narrativa. A resposta é a conjunção "mas", que inicia o segundo parágrafo, opondo-se a algo explicitado no parágrafo anterior. Após responder, o estudante não é convidado refletir e/ou explorar tal uso em outros contextos. A atividade seguinte já explora aspecto diferente da textualidade: a substituição de uma unidade lexical por outra. A coesão parece ser o enfoque da atividade, mas novamente a estratégia é fazer o aluno exercitar a língua(gem) sem um movimento de fazê-lo refletir sobre os usos. Para responder à questão 2, o estudante precisa voltar a referências feitas anteriormente no texto (*era assim* → tinha tromba de elefante → era narigudo). A oportunidade de levá-lo a compreender esse aspecto importante da textualidade se perde, porque a metodologia adotada prioriza a não sistematização dos conhecimentos focalizados, deixando de lado o processo metacognitivo de reflexão explícita sobre os usos linguísticos.

5. Nas coleções modulares, organizadas por eixos de ensino, o enfoque predominante da gramática (67%), da ortografia (100%) e da análise textual (100%) é o da construção/ reflexão. Apenas uma das coleções (FERNANDES; HAILER. 1999, 2ª série, p. 91) trabalha com gramática via transmissão.

Exemplo 10 – Construção/Reflexão
Substantivo
1. Discuta com seus colegas e escrevam na lousa:
   - o nome do móvel usado para dormir.
   - o nome de um animal que fornece leite ao homem.
   - o nome do local onde tomamos banho.
   - o nome do objeto que usamos para pentear o cabelo.
   - o que você sente quando alguém está longe.
   - o que você sente quando ganha um presente.

2. Como você observou, existem palavras que dão nomes às coisas. Converse sobre isso com seus colegas e seu professor. Anote no caderno as suas conclusões.

[...]

3. Sente-se com um colega e inventem um objeto que não existe. Pode ser o que vocês quiserem... Depois, desenhem-no e conversem com outros colegas, explicando para que serve essa invenção de vocês. Deem um nome para esse objeto. Na sua opinião, o nome que vocês inventaram é um substantivo? Por quê?

As atividades do exemplo 10 estão no módulo *Pensamento e construção*, cujo objetivo é "refletir sobre a organização da língua por meio da análise linguística" (MP, p. 29), utilizando textos, frases ou palavras. Essas questões fazem parte de um conjunto que aborda o processo de construção do conceito gramatical de *substantivo* com crianças das séries iniciais do EF.

O LD orienta que, após as atividades 1 e 2, os alunos, com a ajuda do professor, construam coletivamente o conceito de "substantivo", presente apenas no MP. Nesse caso, há utilização da metalinguagem específica, que é retomada na atividade 3, levando os alunos a refletir de forma indutiva e progressivamente sobre a classificação de palavras. A generalização é uma das capacidades priorizadas nesse tipo de atividades.

Enfim, o que podemos perceber pelo cruzamento dos critérios de agrupamento das coleções apresentados no *Guia* 2007 (princípio de organização e abordagem metodológica), ilustrado nos exemplos examinados,[7] é que, diferentemente das edições anteriores, as coleções revelam um empenho maior no sentido de alterar os procedimentos metodológicos voltados para o ensino dos conhecimentos linguísticos. Nota-se um movimento maior

---

[7] Há muito mais diversidade e detalhes no processo de inovação do ensino de gramática nos LDP apresentados ao PNLD 2007 do que imaginávamos quando iniciamos a geração dos dados quantitativos. Os exemplos aqui são ilustrativos e não têm a pretensão de fazer uma análise geral da proposta da coleção, pois há variações e detalhes específicos para cada objeto de ensino. Cada coleção demonstra projeto arquitetônico e estilos didáticos (cf. Bunzen; Rojo, 2005) bem específicos, que merecem análises mais detalhadas e comparativas ao longo de diversas edições, por exemplo.

em direção à construção/reflexão do que um enfoque centrado na tradição gramatical, na transmissão de conhecimentos e na prioridade do trabalho de dedução. Tal movimento parece acontecer nos blocos em que as atividades de linguagem são centrais na proposta: (a) coleções que se organizam por projetos temáticos (bloco 3); (b) algumas que são sensíveis a um trabalho temático voltado para os tipos e gêneros de texto (bloco 2), onde se destacam exemplos da metodologia do uso situado); (c) coleções modulares, organizadas por eixos de ensino (bloco 5).

Portanto, os blocos 2, 3 e 5 parecem favorecer o trabalho com AL, pois integram em seu projeto didático o estudo dos fenômenos linguísticos às capacidades de compreensão e produção de textos orais e escritos. As atividades de leitura e de produção de texto enfocam de forma explícita a estrutura composicional dos gêneros (com destaque para a estrutura do tipo narrativo) e os recursos linguísticos utilizados para provocar determinados efeitos de sentido. A tentativa de articulação entre os eixos de ensino, proposta desde os anos 1980, parece ser uma aposta didática forte nas coleções avaliadas no PNLD 2007. A leitura das 37 resenhas das coleções aprovadas mostrou também que o ensino dos conhecimentos linguísticos (com destaque para a gramática) tem variado nas formas de tratamento dos objetos de ensino. Essa mudança deve-se, principalmente, à crescente tentativa (com todos os riscos!) de relacionar o ensino de gramática aos conceitos de texto e gênero. Em relação aos PNLD anteriores, há um aumento significativo do uso de *textos* como unidade de análise.

Ainda se fazem presentes, como mostram nossos exemplos, os objetos de ensino fixos, calcados na progressão da gramática tradicional, com forte viés prescritivo. Mas destaca-se outro tratamento dado aos objetos de ensino efetivamente relacionados com a *normatividade*, como ortografia, pontuação, concordância verbo-nominal e começa a aparecer o trabalho com a *textualidade* (paragrafação, coesão, pontuação, estrutura composicional do gênero ou tipo de texto) e com a *discursividade* (os efeitos de sentido de fenômenos linguísticos como a pontuação e o uso de onomatopeias em poemas, tirinhas e histórias em quadrinhos).

Para compreendermos outras questões importantes sobre os cinco blocos em que foram agrupadas as coleções, vamos mostrar como eles se comportaram perante os critérios de avaliação do PNLD 2007.

O que nos informa a Base de Dados do PNLD 2007 em relação aos conhecimentos linguísticos?

A base de dados é um instrumento de análise quantitativa das obras inscritas nas diferentes edições do PNLD, que reúne a pontuação obtida pelas coleções em cada critério da ficha de avaliação. Dessa forma, ela evidencia se a obra analisada apresenta ou não determinado componente. A interpretação da base de dados quanto aos conhecimentos linguísticos permitiu verificar aspectos positivos e negativos no trabalho realizado em cada bloco de coleções do *Guia 2007*.

Em relação ao enfoque teórico-metodológico das coleções, percebemos que:

- Grande parte das coleções (81%) faz um trabalho voltado para a reflexão sobre os *usos* da língua.
- As coleções organizadas por tema e as de organização modular, por eixo de ensino, se sobressaem por favorecer uma reflexão sobre o *sistema* da língua.
- As coleções que privilegiam a metodologia da vivência, de forma geral, não oferecem aos estudantes situações propícias para refletir sobre a organização do sistema da língua e fazer uso de metalinguagem (criada por eles ou não) no processo de construção de conhecimentos linguísticos.
- Nas coleções em que predomina a metodologia transmissiva ou de vivência, são poucas as oportunidades criadas para os alunos de refletir (observar, analisar, comparar) sobre

os objetos de ensino e, com isso, construir generalizações sobre os fenômenos linguísticos.

- Há uma dificuldade geral em levar os alunos a sistematizar os conhecimentos linguísticos construídos: apenas 24% de todas as coleções aprovadas apresentam atividades que possibilitam aos alunos a sistematização dos conhecimentos construídos. Esse item merece atenção por parte tanto dos editores e autores quanto dos professores e pesquisadores, pois aponta para uma questão ainda não resolvida. As propostas pedagógicas que acreditam na vivência como a melhor forma de promover aprendizagem, de modo geral, não veem necessidade de sistematização. Os que trabalham na perspectiva transmissiva consideram que cabe ao professor – ou ao livro didático – a função de sistematizar os conteúdos ensinados. A grande dificuldade fica para aqueles que adotam abordagens reflexivas: como levar os alunos a produzir e formular sistematizações adequadas para os conhecimentos que construíram, considerando o patamar de desenvolvimento cognitivo das crianças e a necessária fidelidade à correção conceitual e teórica? Essa é uma questão realmente difícil e representa a maior lacuna dos LDP em relação aos conhecimentos linguísticos.

Em relação aos conteúdos, ressaltamos:

- A maioria das coleções dos cinco blocos selecionam de forma pertinente e com correção conceitual os conteúdos de natureza fono-ortográfica, morfossintática, semântica e até textual, além dos relativos a marcas convencionais de segmentação da escrita – pontuação e paragrafação.

- No entanto, aparece em poucas coleções o trabalho com os fenômenos sociolinguísticos relativos à variação geográfica e social e à variação de registro ou estilo (formal ou informal). Quando aparece, o que se focaliza é a variação geográfica no plano lexical, como se vê nos exemplos: (a) "Como a mandioca é chamada na região em que você mora?"; (b) "Mexerica, tangerina, mimosa, bergamota, laranja-cravo – qual desses nomes é usado na região em que você mora?"

Esse é mais um componente que merece atenção dos professores e dos agentes envolvidos na produção de LDP, uma vez que já há uma discussão consolidada nos estudos sociolinguísticos sobre o ensino de língua materna (cf. BORTONI, 2005; BAGNO, 2001, 2002, 2007).

- O trabalho com a discursividade aparece de forma ainda mais tímida nos LDP analisados. As coleções organizadas por temas ou por temas associados a gêneros e/ou tipos são as que apresentam um tratamento mais extenso da questão, principalmente nas atividades de leitura, quando focalizam determinados efeitos de sentido de textos em gêneros diversos. A falta de integração entre os eixos de ensino em algumas coleções e o tratamento transmissivo em outras dificultam que os alunos percebam a relação entre forma, estilo e sentido.

Algumas considerações finais

Apresentamos aqui um rápido perfil das origens do PNLD e dos critérios de avaliação relacionados aos conhecimentos linguísticos, tendo focalizado as 37 coleções aprovadas no PNLD 2007. Verificamos que há indícios de mudanças significativas no processo de seleção e organização metodológica, tentativas de inovar o tratamento dado aos conhecimentos linguísticos nos LDP para as séries iniciais.

Percebemos também que várias coleções se empenham em apresentar os objetos de ensino de modo a favorecer a reflexão sobre a língua, enquanto outras mesclam abordagens tradicionais com outros elementos. Nossa análise mostrou que a forma como o LDP é organizado (por unidades temáticas, por gêneros, por projetos temáticos ou por eixo de ensino) está relacionada com diferentes estilos de apresentar e abordar os conhecimentos linguísticos. Vimos também que há metodologias e projetos didáticos que possibilitam (ou não) explorar uma maior integração entre os eixos de ensino ou realizar um trabalho com a sistematização e abordar determinadas facetas do objeto língua(gem). Isso nos leva a apontar para a importância da relação da arquitetônica de composição e do estilo didático dos LDP (cf. BUNZEN e ROJO, 2005; BUNZEN, 2007), pois, ao realizar determinado tipo de re(a)presentação dos objetos de ensino para seus leitores, o livro didático constrói um projeto didático autoral que não é neutro. Por isso mesmo, fazem-se ainda necessários outros olhares, para melhor compreensão desse processo complexo e multifacetado.

Precisamos ainda pesquisar sobre as formas como esse currículo inovador, prescrito nos livros didáticos aprovados no PNLD, chega até as salas de aulas. Os sujeitos praticantes do currículo no cotidiano (professores e alunos) precisam também ser agentes dessa política linguística de mudanças no ensino. Em suma: resolve pouco termos LDP que apresentem uma proposta metodológica inovadora e consistente se não houver programas políticos adequados para integrar essa proposta e a prática dos sujeitos em sala de aula. Corremos o sério risco de tais livros didáticos ficarem nas mochilas dos alunos ou nas prateleiras das escolas sem um uso efetivo, se a inovação dos LDP não for acompanhada por ações políticas efetivas de formação continuada dos professores. O que pensam os professores sobre tais mudanças e o que eles fazem com tais propostas em suas aulas são outras redes que devem ser tecidas em projetos futuros...

Capítulo 5

O TRABALHO COM A CONEXÃO NO LIVRO DIDÁTICO DE LÍNGUA PORTUGUESA

Janice Helena Chaves Marinho

A conexão é o processo que possibilita aos usuários da língua sinalizar e compreender a articulação entre orações de um mesmo período, entre períodos de um mesmo parágrafo (no caso da escrita[1]) e entre parágrafos, sequências textuais ou partes inteiras do texto. Pode-se dizer que o termo *conexão* refere-se a um processo específico da *coesão textual* que diz respeito ao emprego dos conectores (também chamados de *articuladores* por alguns estudiosos). Entre os conectores estão as conjunções e as locuções conjuntivas, os pronomes relativos, os advérbios e as locuções adverbiais, as preposições e as locuções prepositivas.

O objetivo deste artigo é apresentar uma análise do trabalho voltado para o estudo da conexão proposto em duas coleções de livros didáticos de língua portuguesa de 5ª a 8ª séries.

As coleções escolhidas são: *Português – uma proposta para o letramento*, de Magda Soares (Editora Moderna) e *Português: linguagens*, de William Roberto Cereja e Thereza Cochar Magalhães (Atual Editora). A escolha dessas duas coleções se deve ao fato de que a primeira opta pela reflexão sobre a língua em uso, trabalhando os conhecimentos linguísticos articulados a leitura,

---

[1] Na linguagem oral, o que corresponde ao parágrafo é a chamada "unidade discursiva", que se constitui de uma sequência de enunciados semanticamente interligados. Para maiores esclarecimentos, ver CASTILHO (1989 e 1998).

escrita e oralidade, de acordo com as necessidades sugeridas pelo gênero textual estudado, enquanto a segunda explora os conhecimentos linguísticos estando presa à tradição gramatical, embora busque harmonizar os estudos da gramática tradicional e os estudos textuais.

A análise que aqui proponho consiste na investigação de como essas duas obras didáticas exploram a atuação dos conectores, palavras envolvidas nos processos de articulação de orações, períodos, parágrafos, sequências textuais ou partes do texto.

Investigo se os LDP[2] – na exploração da leitura dos textos que compõem a sua coletânea, nas propostas de produção textual ou no trabalho com os conhecimentos linguísticos ou gramaticais – orientam o aluno para observar o uso dos mecanismos de conexão, tanto nos textos da coletânea como nos que serão produzidos pelo aluno, levando-o à compreensão não só dos processos de estruturação de sentenças (o que tradicionalmente vem sendo trabalhado, no âmbito dos estudos sobre a conjunção), mas também dos processos de articulação de unidades do discurso implicados nos diferentes gêneros e tipos textuais.[3]

Um pouco de teoria

Os elementos que atuam na articulação discursiva podem ser (a) os mecanismos de conexão ou junção – chamados na literatura linguística de conectores, marcadores discursivos, conectivos textuais, etc.; (b) os organizadores textuais[4] (cf. BRONCKART, 1999); (c) os operadores discursivos; (d) os verbos performativos ou modais;[5] (e) as construções de deslocamento à esquerda.[6] Tais elementos

---

[2] A sigla LDP será usada neste artigo para abreviar a expressão *livro(s) didático(s) de português*.

[3] Para esclarecimentos sobre as noções de *gêneros* e *tipos textuais*, ver o glossário no final deste livro.

[4] Ver glossário.

[5] Ver glossário.

[6] Ver glossário.

articuladores operam em diferentes níveis do texto: em sua organização global, explicitando as articulações entre sequências ou partes maiores do texto; no nível intermediário, assinalando os encadeamentos entre parágrafos ou períodos; e no nível microestrutural, articulando orações ou membros da oração (Koch, 2004).

Esses elementos podem ter diferentes funções, entre as quais mencionamos:

- estruturar a linearidade do texto, articulando a sucessão de unidades de sentido (orações, períodos, parágrafos, partes do texto), de modo a facilitar o seu processamento;
- encadear os diferentes enunciados, introduzindo entre eles relações discursivo-argumentativas, isto é, sinalizando sua articulação e seu papel na orientação argumentativa e na produção de sentidos do texto;
- assinalar etapas de construção do texto (introdução, desenvolvimento e conclusão), evidenciando sua organização estrutural;
- introduzir comentários e avaliações do enunciador sobre o modo de formulação do enunciado ou da própria enunciação;
- relacionar elementos de conteúdo, indicando a articulação entre eles (temporal, espacial, causal, condicional, inclusiva ou exclusiva etc.);
- significar as relações discursivas, isto é, explicitar que relações se devem tecer entre as diferentes unidades de um discurso.

Considera-se que o uso desses marcadores linguísticos pode conferir ao texto maior legibilidade (relacionada à maior facilidade de processamento), já que contribui para o esclarecimento dos diferentes tipos de relações existentes entre elementos e segmentos linguísticos que compõem o texto e informações armazenadas na memória discursiva[7] dos interlocutores.

---

[7] Ver glossário.

Compreendendo os conectores como expressões que causam impacto na produção de sentidos, por atuarem na explicitação ou na caracterização das relações de discurso, interessa-me, neste trabalho, investigar como se propõe o estudo dos conectores nos LDP.

O uso inadequado dos conectores pode constituir um problema tanto na produção quanto na recepção de textos, visto que interferirá na formulação e na confirmação de hipóteses, na realização de inferências, no estabelecimento de relações, etc., por parte do leitor ou ouvinte. Por esse motivo, seu ensino na escola se faz importante, o que torna relevante uma análise da forma como são abordados em LDP de 5ª a 8ª séries, materiais presentes no ensino fundamental de escolas públicas e particulares.

O que são e o que fazem os conectores

Desde os anos 1970, muitas pesquisas têm sido realizadas, sob diferentes perspectivas, para estudar os conectores e seu papel na organização do discurso. Esses estudos têm evidenciado que eles atuam na articulação textual-discursiva, mas ainda não apontam com clareza como devem ser definidos e qual seria a sua contribuição específica.

Schiffrin (1987) considera os conectores como marcadores discursivos e analisa-os como recursos coesivos que marcam unidades de discurso sequencialmente dependentes. Para ela, esses recursos são os marcadores fáticos ('*quer dizer*', '*bem*', '*você sabe*', entre outros), os marcadores temporais (por exemplo, '*agora*', '*então*', '*naquela época*'), ou os conectores propriamente ditos (como '*mas*', '*porque*', '*portanto*' e outros). Esses elementos não se encaixam facilmente numa mesma classe linguística, já que, como se viu, entre eles encontram-se expressões usuais na conversação oral, advérbios, conjunções, etc. No entanto, isso não impede, segundo a autora, que esses marcadores, no discurso, cumpram uma função na construção da coerência, selecionando ou expondo as relações entre as diversas unidades. Mas Schiffrin admite que não são obrigatórios, pois qualquer enunciado precedido por um marcador pode também ocorrer sem a sua presença.

Interessada nas relações entre a interação desenvolvida pelos sujeitos num determinado contexto e a maneira como eles acionam os conhecimentos necessários à interpretação do discurso, Blakemore (1992) considera os conectores como expressões que impõem restrições semânticas às inferências (e suas consequências) que o ouvinte pode extrair do que o falante diz. Segundo a autora, eles são usados pelos falantes para indicar como devem ser interpretados os enunciados que introduzem e qual a relevância desses enunciados. Blakemore defende que eles devem ser analisados como restrições contextuais linguisticamente especificadas, como meios efetivos para a restrição da interpretação de enunciados. Ou seja, para a autora, eles contribuem para limitar as possibilidades de interpretação dos enunciados, funcionando como guias, para o ouvinte ou leitor, na produção de interpretações pertinentes.

A análise de Fraser (1999), de certa maneira, representa uma síntese das propostas de Schiffrin (1987) e de Blakemore (1992). Visando elucidar o *status* e o funcionamento dos marcadores discursivos, esse estudioso os define como uma classe de expressões lexicais extraídas das classes de conjunções, sintagmas adverbiais e preposicionais, que sinalizam uma relação entre o segmento que eles introduzem (S2) e o segmento anterior (S1). Para o autor, os marcadores exibem uma relação entre os segmentos, como considera Schiffrin (1987), mas também impõem a S2 um certo conjunto de interpretações, que devem levar em conta o sentido de S1 e o do marcador. Embora considere que suas análises contribuem para a compreensão do que sejam os marcadores discursivos, Fraser afirma que ainda há muito o que entender sobre esses elementos.

Em suma, as diversas pesquisas sobre os conectores, orientadas por diferentes pontos de vista, evidenciam que eles intervêm tanto na compreensão quanto na produção do discurso e concordam que eles desempenham função no discurso, seja especificando as relações, servindo de guia para a construção de sentidos, seja impondo restrições sobre a interpretação das sequências linguísticas que articulam.

Sendo assim, faz-se necessário o estudo do uso desses elementos na escola, estudo não limitado ao enfoque nos processos de formação de períodos (o que se faz tradicionalmente), mas voltado para os fenômenos de articulação textual-discursiva implicados nos diferentes gêneros e tipos textuais e para o impacto causado pelo uso dos conectores nos textos.

Investigando o trabalho com os conectores nos LDP

Focalizo, neste artigo, o trabalho proposto nas duas coleções escolhidas com o uso de conectores que podem ser empregados para a explicitação das relações argumentativas (causa, explicação, justificação, argumento potencial, motivação, evidência, consequência, etc.) e contra-argumentativas (desacordo, contraste, concessão, oposição).

Coleção I – Português: uma proposta para o letramento

A coleção desenvolve um trabalho com os conhecimentos linguísticos a partir da sua opção pela gramática em uso, evitando, assim, o estudo tradicional da gramática (de identificação e classificação de formas e estruturas). Ela apresenta atividades de reflexão sobre a língua e suas variações, articuladas ao trabalho com a leitura e a compreensão de textos e com a produção oral e escrita de textos dos diversos gêneros enfocados.

No LD da 5ª série, na seção *Reflexão sobre a língua* (v. 5, p. 67), a partir da observação de trechos extraídos de texto lido anteriormente, propõe-se a análise da relação entre as ideias neles presentes e chama-se a atenção do aluno para as palavras *porém, entretanto, mas*, que ligam as ideias, "deixando claro o contraste", a oposição ou desacordo entre as ideias. Em seguida são propostas atividades de reflexão sobre a possibilidade de substituição dessas palavras nos trechos apresentados, sem que seu sentido seja alterado e atividades de construção de novas frases com o uso dessas palavras.

Também nesse volume 5, na mesma seção, na p.100, trata-se da relação de causa entre um fato e outro narrado no texto. A partir da observação de um trecho extraído do texto intitulado "*O dia em que meu primo quebrou a cabeça do meu pai...*", anteriormente estudado, propõe-se a depreensão do fato e da causa e em seguida mostram-se "diferentes formas para dizer que um fato é causa de outro": são apresentados cinco enunciados em que há a relação causal marcada pelo uso dos conectores *que, porque, por isso, como* e *pois*.

> **Exemplo 1:**
> - Nem chutar a canela dele eu posso, que ele é maior do que eu e é faixa marrom de caratê.
> - Nem chutar a canela dele eu posso, porque ele é maior do que eu e é faixa marrom de caratê.
> - Ele é maior do que eu e é faixa marrom de caratê, por isso nem chutar a canela dele eu posso.
> - Como ele é maior do que eu e é faixa marrom de caratê, nem chutar a canela dele eu posso.
> - Nem chutar a canela dele eu posso, pois ele é maior do que eu e é faixa marrom de caratê.

Em seguida, a partir da observação de outras frases do texto, são propostas atividades em que se pede ao aluno que escreva essas frases de outras formas diferentes, "indicando que um fato é causa do outro".

Na unidade 3 desse volume, reaparece a reflexão sobre o uso do *mas*, e são apresentadas outras formas de "expressar o desacordo, a oposição entre as ideias" (v. 5, p. 161), usando *embora* e *apesar de*. São propostas atividades de reunião de frases apresentadas em duplas com o uso dessas palavras, mas não se propõe uma reflexão sobre os efeitos de sentido que esses conectores causam ao indicar o desacordo, a oposição nos trechos construídos.

No LD da 6ª série (v. 6, p. 51-52), também na seção *Reflexão sobre a língua*, o estudo da relação de causa é feito chamando-se a atenção do aluno para a relação que o jornalista estabelece entre fato e consequência, na matéria de revista.

Exemplo 2:
Recorte esta frase do texto:

> "O percentual de jovens cresceu tanto que a pirâmide populacional se deformou."

Observe a relação que o jornalista estabelece:

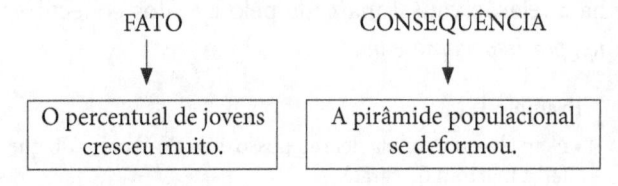

FATO	CONSEQUÊNCIA
O percentual de jovens cresceu muito.	A pirâmide populacional se deformou.

"O percentual de jovens cresceu tanto
que a pirâmide populacional se deformou."
consequência

Em seguida, propõe-se ao aluno supor que o jornalista destacasse como fato a deformação da pirâmide populacional, mostrando-lhe que, com o destaque nesse fato, se teria uma relação entre fato e causa:

"A pirâmide populacional se deformou
porque o percentual de jovens cresceu muito."
causa

Ainda nessa atividade, pede-se ao aluno que busque no texto uma frase em que o jornalista estabelece entre o fato "A pirâmide mudou." e a causa "O número de recém-nascidos diminuiu." E que a reescreva transformando a relação fato-causa em relação fato-consequência.

A partir daí, são propostas atividades voltadas para a construção de frases estabelecendo a relação fato-causa e a fato-consequência. Há ainda atividades que focalizam as diferentes formas de expressão dessas relações, ou seja, os conectores que as expressam (*porque, como, por isso, pois*) e levam o aluno a empregar essas formas em função da relação que queira estabelecer nos enunciados.

A última atividade dessa seção leva o aluno a reler o texto que produziu na atividade de *Produção de texto* – em que deveria apresentar seu ponto de vista sobre o que foi discutido na atividade de *Linguagem oral* e argumentar em defesa dele. O objetivo dessa atividade é verificar: (1) se ele usou frases em que estabelecia relações de causa e de consequência entre as informações e (2) se é possível reescrever outras frases do seu texto estabelecendo tais relações.

Outro exemplo se encontra também no LD da 6ª série (v. 6, p. 240-243), na exploração do texto 4 da unidade 4. Trata-se da reflexão sobre as relações de causa, consequência e condição. O trabalho tem início na seção *Interpretação escrita* e vai ser sistematizada na seção *Reflexão sobre a língua*, em que o aluno é levado a observar e a usar outras formas de expressar a condição, escolhendo entre *sem que, se* e *a não ser que*.

O trabalho proposto nesta coleção com as relações argumentativas se concentra nos volumes 5 e 6. Ele privilegia a reflexão sobre essas relações presentes nos textos estudados pelo aluno, expõe os diferentes conectores que podem ser usados para a expressão dessas relações, sem fazer uso de descrições ou classificações da gramática tradicional, e possibilita que o aluno faça uso deles em frases e em seus textos.

Coleção 2 – Português: Linguagens

Esta coleção possui em cada capítulo de seus LD uma seção dedicada à teorização sobre aspectos relevantes dos gêneros textuais estudados, intitulada de *Para escrever com adequação*, *expressividade, coerência e coesão*. Nessa seção, trata-se de questões como textualidade – coerência, sequência lógica do texto, coesão – (v. 5, p. 143-145; v. 6, p. 212-214), o papel dos conectores (v. 6, p. 86-88), a conectividade (v. 7, p. 188-190), continuidade e progressão textual (v. 8, p. 208-210), a articulação (v. 8, p. 236-238, 255-257), entre outras. Após a apresentação do assunto ao qual a seção se dedica, que visa à observação e à apreensão de conceitos pelo aluno, são propostos exercícios de interpretação de textos, de preenchimento de lacunas, de escrita de frases, que visam à aplicação do que foi apreendido.

A coleção possui também em cada capítulo de seus LD uma seção, intitulada *A língua em foco*, que é dedicada à exploração dos conteúdos gramaticais. Nessa seção, o aluno é levado a construir conceitos, formalizá-los, fazer exercícios e perceber o funcionamento dos elementos gramaticais na construção do texto (na subseção *Linguagem e interação*). Embora possibilite uma reflexão pelo aluno sobre a atuação dos elementos linguísticos na construção de sentido dos textos, a seção reproduz o ensino tradicional de conteúdos como a conjunção, o advérbio, o pronome relativo, na medida em que apresenta definições e categorias da gramática tradicional e traz exercícios de reconhecimento e classificação gramatical.

A conexão é mencionada no LD da 5ª série (v. 5, p.143-145), quando se trata da **textualidade**, e é definida como "entrelaçamento de palavras" (v. 5, p. 144). Chama-se a atenção do aluno para a sequência lógica existente na fala de Calvin, personagem do quadrinho estudado, responsável por sua coerência. Para o professor (no MP, v. 5, p. 144) a coleção define sequência lógica como "uma sequência de fatos no tempo, um após o outro, e um gerando o outro (relação de causa e efeito)". Chama-se também a atenção do aluno para as palavras *então, aí, e, mas, lo* e *las*, que "garantem a coesão textual, isto é, fazem a conexão entre palavras, frases, parágrafos e partes maiores de um texto". Os exercícios, porém, não são propostos de forma a que o aluno possa se dar conta do papel dessas palavras no gênero textual em foco. Eles parecem ter como prioridade levar o aluno a estruturar um texto de forma a compor "um todo significativo" (v. 5, p. 145), como mostram os exemplos (3) e (4) a seguir.

Exemplo 3:
1. Complete o texto que segue, procurando dar a ele coerência e coesão:

Luisinho ▪ dez anos e ▪ fantasia: casar ▪ a professora de trinta. ▪ anos pode não ser muita ▪ quando se trata de dona Mariana [...]. ▪ morria de ▪ por aquela ▪. ▪, dona Mariana aproximou-se de Luisinho ▪ viu um ▪ vermelho e flechado que ele fazia ▪ a aula...

Exemplo 4:
1. Reescreva o texto que segue, completando-o com uma das palavras sugeridas entre parênteses. Procure manter a coerência e a coesão do texto:

Tudo parecia ▪ (feio, perfeito, errado) naquele ▪ (maravilhoso, estranho, misterioso) ▪ (dia, fim de semana, segunda-feira), quando me ▪ (levantei, acordaram, telefonaram). Eu▪ (queria, sabia, achava) muito ir ▪ (a um cinema, à praia, à casa de um amigo), ▪ (e, mas, pois) não ▪ (me sentia bem, tinha companhia, tinha que trabalhar)....

O papel dos conectores é um tópico no LD da 6ª série, da seção *Para escrever com coesão* (v. 6, p. 86-88). De início, propõe-se a observação de enunciados extraídos de uma tirinha ("A tração traseira é melhor **que** a tração dianteira!"; "**Mas** você não tem marcha a ré."), correspondentes às falas das personagens. Depois, afirma-se que, "nos textos que falamos ou escrevemos, costumamos empregar certas palavras que unem palavras, frases e parágrafos. A palavra **que**, por exemplo, liga **tração traseira** a **tração dianteira**, estabelecendo uma **comparação** entre as duas expressões" (v. 6, p. 87). Em seguida, focaliza-se o emprego da palavra *mas* na fala da personagem Mafalda e pede-se ao aluno que: (1) entre alternativas a ele apresentadas (*porém; ou; entretanto; que; contudo*), marque as palavras que poderiam substituir o *mas* sem a alteração de sentido; e (2) marque a alternativa que traga a finalidade com que ela é utilizada na fala de Mafalda, como exposto no exemplo (5).

Exemplo 5:
1. Na fala de Mafalda, com que finalidade é utilizada a palavra *mas*?
- Introduzir uma ideia indicativa da causa do que Felipe tinha dito antes.
- Introduzir uma ideia contrária ao que Felipe tinha dito antes.
- Introduzir uma ideia semelhante ao que Felipe tinha dito antes.

Em outro exercício, exposto no exemplo (6), focaliza-se o uso da palavra **e** na seguinte fala de Mafalda: "E além disso o meu gasta menos combustível. Uma xícara de café com leite dá para eu andar a manhã inteira!"

Exemplo 6:
1. Observe o emprego da palavra e no segundo quadrinho. Que tipo de ideia ele introduz?
- Uma ideia de adição ou acréscimo ao que foi dito antes.
- Uma ideia de oposição ao que foi dito antes.

Nessa seção, propõem-se atividades de interpretação do emprego de alguns conectores na tira e exercícios de preenchimento de um outro texto, intitulado "Os caçadores de bruxas", com as palavras *então, quando, que, nem, mas, se, pois, porém*. Não há preocupação com a classificação tradicional dessas palavras nem orientação sobre o uso de cada um desses conectores. A abordagem proposta nessas atividades está presa a uma visão tradicional desses elementos, na medida em que apenas conectores listados nas gramáticas são focalizados (e assim, por exemplo, não se explora o uso de *além disso* presente na fala de Mafalda) e somente se levam em conta os sentidos e as finalidades tradicionalmente atribuídos a esses conectores.

No LD da 7ª série, na seção *Para escrever com coerência e coesão* (v. 7, p. 188-190), a textualidade é tratada sob o título de conectividade. A partir da leitura de um texto que teve "suprimidas algumas palavras essenciais para a construção de seu sentido", são propostos exercícios e é apresentada uma definição de conectivos: "palavras de ligação que cumprem um papel decisivo na construção da coerência e da coesão textual" (v. 7, p.188). Em seguida são propostas atividades que conduzem o estudante a perceber as ideias expressas pelos conectivos em textos e exercícios que pedem o emprego dos conectivos em frases criadas pelo aluno.

Há uma atividade que propõe ao aluno interpretar a ideia que os conectivos expressam em enunciados. Em outra, o aluno deve empregar os conectivos que deem coerência e coesão aos enunciados. Essas propostas evidenciam que os conectivos são ainda abordados como postulam as gramáticas normativas, que os consideram palavras de ligação que expressam ideias ou traduzem circunstâncias. Na unidade seguinte (a última do volume), são focalizadas as conjunções (coordenativas e subordinativas), tidas como palavras que estabelecem relações, que, segundo a coleção, são um dos fatores responsáveis pela textualidade.

No LD da 8ª série, são focalizados os períodos compostos por subordinação (as orações subordinadas substantivas, adjetivas e adverbiais) e coordenação. São trabalhados os conceitos e as classificações nos moldes tradicionais e propostos exercícios de identificação e classificação das orações. Também é enfocada a atuação das conjunções (e do pronome relativo que é focalizado à parte) na construção do período. Quando são tratadas as orações adverbiais na construção do texto, ganham destaque as relações entre as orações, que passam a ser indicadas, explicitadas (e não *estabelecidas*) pelos conectores, como mostra o exemplo (7).

Exemplo 7:
1. Para indicar que um fato é causa do outro, podemos empregar no início das orações:
   - Conjunções e locuções conjuntivas: porque, como, já que, visto que, uma vez que;
   - Preposições ou locuções prepositivas: por, por causa de, por conta de, em vista de, em virtude de, devido a, por motivo de, em consequência de, por razões de.

Veja um exemplo:
Ele será dispensado da equipe porque é negligente.
Ele será dispensado da equipe por ser negligente.

São também propostas atividades que focalizam as relações e os conectores, com seus diferentes papéis, como mostra o exemplo (8), e valores semânticos, como expõe o exemplo (9).

Exemplo 8:
A palavra que foi empregada duas vezes no enunciado principal do anúncio. Entretanto, essa palavra tem papéis diferentes nas duas situações. Qual é a classe gramatical da palavra que em cada situação?

Exemplo 9:
A conjunção como apresenta diferentes valores semânticos: causa, comparação ou conformidade. Indique o valor semântico que ela expressa em cada uma das seguintes situações:
- Como eu não trouxe o trabalho no prazo estipulado pelo professor, fiquei com a nota abaixo da média. Merecidamente, eu acho.
- Fizemos o bolo de chocolate, como havíamos prometido.
- Como chovia demais, ele não pôde levar as crianças ao *shopping*.
- Meu irmãozinho impõe sua vontade como gente grande!

Na última unidade desse volume 8, em *Para escrever com coerência e coesão* (v. 8, p. 236-238, 255-257), trabalha-se a articulação de ideias que, no nível da frase ou do texto, "normalmente se dá por meio do emprego de articuladores lógicos do texto e de conectivos". Os exercícios propostos nessa seção contemplam o uso de conjunções na articulação de frases e textos.

O trabalho proposto com a conexão nesta coleção é feito a partir de reflexões sobre a textualidade, a construção da coerência e da coesão textuais, mas também a partir de descrições e classificações nos moldes tradicionais. É bastante extensa a exposição do conteúdo relativo aos advérbios, aos adjuntos adverbiais, às conjunções e às orações subordinadas e coordenadas, bem como a proposição de exercícios de identificação e classificação, sobretudo nos LD da 7ª e da 8ª série. Mas a coleção possibilita a reflexão sobre esses elementos na construção do texto, embora não os relacione com a construção dos gêneros textuais. Ainda que sem a mesma ênfase, são contemplados os usos dos conectores em texto e as relações presentes nos textos estudados que possam ser por eles indicadas.

Considerações finais

A análise do trabalho com a conexão proposto nessas duas coleções evidencia que o estudo dos conectores, tradicionalmente limitado ao estudo dessas palavras e das frases em que se encontram, se volta para a sua atuação na construção do texto e do discurso.

A primeira coleção propõe um trabalho que privilegia a reflexão sobre as relações argumentativas presentes nos textos anteriormente estudados pelo aluno e, a partir daí, aponta os diferentes conectores que podem ser usados para a expressão dessas relações. Aborda os conectores como recursos linguísticos que se usam para ligar ideias deixando claras as relações entre elas.

A segunda coleção, apesar de ainda presa a uma abordagem tradicional dos conteúdos gramaticais, tenta trabalhar a conexão como fator importante na construção da textualidade. Embora proponha atividades de identificação e classificação desses elementos em períodos, nos moldes tradicionais, possibilita uma reflexão sobre o seu funcionamento na construção da coesão do texto.

Mas as atividades propostas nas duas coleções, seguindo a reflexão sobre o uso dos conectores, são ainda de construção de frases. Embora a primeira coleção proponha ao aluno avaliar o uso desses elementos no texto que construiu, as atividades que propõe se limitam à construção de sentenças. As duas coleções também apenas focalizam os conectores convencionalmente listados nas gramáticas tradicionais, ainda não propondo uma reflexão sobre, por exemplo, o uso de conectores mais comumente usados em textos orais (*aí, daí, e*), mas encontrados em textos da coletânea das coleções. Dessa forma, pode-se concluir que há a necessidade de uma reconsideração do trabalho proposto com os conectores nos LD.

Capítulo 6
PRODUÇÃO DE TEXTOS ESCRITOS:
O QUE NOS ENSINAM OS LIVROS DIDÁTICOS DO PNLD 2007

Beth Marcuschi
Telma Ferraz Leal

Um olhar sobre o tratamento oferecido à escrita de textos na escola, ao longo do século XX e até os dias de hoje, permite identificar mudanças significativas no encaminhamento das propostas dos livros didáticos. Essas mudanças foram sendo introduzidas em função tanto das exigências postas pelo contexto sócio-histórico à escola e ao livro didático (LD) quanto dos pressupostos teórico-metodológicos subjacentes ao estudo da língua materna, entre outros fatores. É importante salientar, no entanto, que as práticas pedagógicas de escrita daí resultantes não configuram rupturas completas nem devem ser vistas como estanques ou dicotômicas. Na verdade, como todo percurso histórico, durante algum tempo as novas práticas convivem com as tradicionais, ainda que ora uma ora outra possa sobressair.

Durante todo o século XX, o texto escrito na escola é visto como um produto, que traz em si mesmo o seu sentido. Desde as primeiras décadas até meados dos anos cinquenta, concebia-se que o texto deveria espelhar com "clareza, correção, precisão e harmonia" (CRUZ, 1936, p.14) seu significado, demonstrando os conhecimentos do aluno sobre a arte do bem escrever ou sobre a arte do bem argumentar. Predominava a compreensão de língua como expressão do pensamento: a ideia de que há correspondência direta entre pensar com clareza e escrever bons textos e que, ao aprender a escrever, o indivíduo seria capaz de elaborar qualquer texto, em qualquer situação. Os livros didáticos, em geral, limitavam-se a requerer do aprendiz uma "composição literária", a partir da sugestão de um tema, ou uma "composição à vista de gravura".

Nesse contexto, eram valorizadas as capacidades de narrar, descrever e argumentar, de modo que a narração, a descrição e a dissertação acabaram se consolidando como "gêneros escolares", ainda hoje trabalhados na escola.[1]

Nas décadas de 1960 e 1970 com a ampliação do acesso da população à escola pública, o perfil do alunado mudou consideravelmente. As crianças oriundas das classes menos favorecidas constituíam a maioria e, com isso, a convivência dos alunos com textos literários e outros materiais escritos deixou de ser um pressuposto. Na busca de novos caminhos que levassem à superação dos problemas de escrita e sob o argumento de que era preciso deixar os aprendizes expressarem suas ideias de modo mais criativo, os LD passaram a priorizar a escrita de texto como trabalho comunicativo individual, pautado em temas do cotidiano. Instituíram-se então as atividades de "expressão escrita", "redação" e, paralelamente, "redação livre" e "redação criativa".

Por meio da língua, entendida como código, o emissor (escritor) empenhava-se em comunicar uma mensagem (a redação), totalmente desvinculada do "aqui e agora", a um receptor (leitor) neutro e universal. Dependia, portanto, unicamente do emissor, o sucesso ou insucesso do ato comunicativo. O interesse maior era que o aluno apresentasse um produto claro e lógico (sem que se definisse para quem e com que objetivo o texto deveria ser claro e lógico).

A partir dos anos 1980, vários autores, entre eles Geraldi ([1984]1997), passam a questionar a concepção estereotipada

---

[1] Enquanto espaço legítimo de comunicação, a escola produziu (e ainda produz) seus gêneros textuais típicos. Entre esses gêneros textuais *para aprender* estão a narração, a descrição e a dissertação.

e formalista de redação, sugerindo que a escola se preocupasse em ensinar o aluno a produzir textos (e não a escrever redações) próximos de seu uso social e efetivo. Perguntas como *o que, por que, para quem, para que, com que recursos linguísticos* é que deveriam permear a prática pedagógica.

Apesar dos esforços empreendidos e dos debates realizados sobre a escrita como ato interlocutivo, muitos LD continuaram, ainda na década de noventa, a solicitar do aprendiz a escrita de textos com base em sugestões descontextualizadas: "Invente uma história que fale do amor de um animal por uma criança. Escreva sobre os momentos alegres que passaram juntos, de suas brincadeiras e do que gostavam de fazer" (AZEVEDO, 1992, p. 125).

No entanto, ao mesmo tempo, firmou-se, entre educadores e linguistas, a convicção de que a abordagem da escrita na escola só seria eficiente se trabalhada de modo contextualizado, considerando "a situação de interlocução em que o texto acontece" (COSTA VAL, 2004, p. 117). Essa perspectiva preparou o terreno para o fértil debate que se seguiu, a respeito do ensino da produção textual na escola, influenciado pelos estudos linguísticos de base sociointeracionista e pelas reflexões sobre gêneros textuais. Esses pressupostos ganharam visibilidade quando propostos nos PCN de ensino fundamental I e II (1997 e 1998) e assumidos pelo PNLD na avaliação pedagógica de obras didáticas. Os estudos interacionistas sobre a função e o uso dos gêneros textuais provocaram significativas transformações no trabalho com o texto escrito nos livros didáticos de língua portuguesa (LDP).

Nosso principal objetivo neste artigo é explicitar de que forma essas transformações se concretizam nos livros didáticos. Para tratar da abordagem dada à produção de textos escritos pelas obras avaliadas no PNLD 2007, tomamos por base as noções de língua como atividade sociodiscursiva e de gênero textual como entidade empírica de organização dos discursos, de finalidade comunicativa e de natureza maleável, dinâmica e plástica.

As finalidades da escrita de textos nos livros didáticos: Por que escrever na escola? Para quem escrever?

No espaço extraescolar, ao produzir um texto escrito, o autor, via de regra, tem em vista, mesmo que inconscientemente, as condições de produção e de circulação textuais. Assim, leva em conta *para quem, quando, sobre o que, com que objetivo escreve*. Esses fatores contribuem para que o escritor defina tanto o gênero textual mais adequado ao contexto sociocomunicativo quanto o "tom" que deseja imprimir ao seu texto (formal ou coloquial; irritado ou benevolente, entre outras possibilidades). As experiências anteriores do escritor, em diferentes situações de interação, influenciam nas decisões acerca do formato do texto e das estratégias discursivas a ser adotadas. Por exemplo, se deseja prestar queixa acerca de um serviço prestado por uma empresa, o usuário pode decidir escrever uma carta de reclamação. Seu conhecimento do uso e da estrutura desse gênero, bem como do *estilo* socioculturalmente indicado para expressar-se nessa situação, servirá como ponto de partida para que ele organize o texto.

É esse caráter situado do trabalho de escrita que o caracteriza como atividade social, desenvolvida por um produtor ativo, que empreende esforços para atingir objetivos. Assim, produzir textos implica desenvolver estratégias para causar efeitos nos interlocutores. Segundo Kato (1995, p. 84), "para poder influenciar o leitor, o escritor deve pressupor muito de seus antecedentes, de sua ideologia, e agir orientado por essas pressuposições". Como se percebe, as atividades extraescolares de produção de textos revestem-se de caráter dialógico. Escreve-se para alguém, em uma dada circunstância, para atender a uma determinada finalidade. Nessas diferentes situações, usamos nossos conhecimentos, construídos em circunstâncias semelhantes àquela em que nos encontramos para organizar o novo texto.

Na escola, no entanto, a demanda do texto a ser redigido pelo aluno costuma atrelar-se a objetivos pedagógicos que desconsideram as funções e o modo de produção dos textos no uso social da linguagem. Outras vezes, a proposta resume-se à menção do tema: "escreva um texto sobre as festas juninas". Nesses casos, o aprendiz deduz facilmente que o texto ficará restrito ao espaço escolar e terá como objetivo demonstrar ao professor, que ele (o aluno-autor) realizou a aprendizagem requerida. Em consequência, o texto tende a se caracterizar pela precariedade das condições interativas e dialógicas, em nada contribui para que o aluno atribua à escrita um sentido social.

O trabalho com os gêneros textuais do contexto extraescolar, se bem conduzido pelo professor ou pelo livro didático, abre possibilidades para que essa situação seja revertida. Embora o gênero textual a ser elaborado configure sempre uma variação do gênero de referência, pois é submetido a um processo de didatização necessário e inevitável, o grande diferencial nessa prática pedagógica é que a produção escrita tende a ser vista como um processo e como uma habilidade que pode e deve ser ensinada. Ganha relevância, então, o princípio de que não se aprende a escrever simplesmente escrevendo, mas sim refletindo criticamente sobre as escolhas feitas antes, no decorrer e depois da elaboração textual, considerando o contexto sociointeracional. Isso significa que, para favorecer a construção da textualidade pelo aprendiz, as atividades dos livros didáticos devem ser de tal forma conduzidas que, ao realizá-las, o aluno seja capaz de responder à pergunta *"por que estou escrevendo o que estou escrevendo?"*. Como a reflexão crítica não surge espontaneamente, ao contrário, precisa ser paulatinamente elaborada, seu encaminhamento em sala de aula pressupõe uma orientação segura e pedagogicamente adequada por parte do professor.

É importante frisar que não basta fazer um uso estrutural dos gêneros textuais, nem tomá-los como objetos de prescrição. Estudos realizados por diferentes pesquisadores, como Silva (1999), Reinaldo (2001) e Mendonça (2001), apontam que as orientações dos livros didáticos para as atividades de produção de textos muitas vezes não conduzem os alunos ao engajamento em situações de interação efetiva. É essa realidade que queremos ver transformada. Não é a criação de regras sobre o "bem escrever", mesmo que inspiradas em gêneros textuais, que vai contribuir para o desenvolvimento da capacidade de escrita dos alunos, e sim a reflexão sobre as finalidades, os destinatários, as situações de escrita e as estratégias que outros autores usam para lidar com aqueles tipos de situação.

Na perspectiva de tomar a elaboração textual como objeto de ensino, é fundamental explicitar parcial ou amplamente as condições de produção e de circulação (o **gênero** a ser trabalhado, o **tema** a ser desenvolvido, o **leitor** a quem o texto se destina, o **registro linguístico** a ser utilizado, o **ambiente** no qual o texto vai circular e ser lido, o **suporte** em que o texto vai ser publicado). Inclui-se também, nessa série de recomendações, a preocupação com a familiaridade dos alunos com o gênero textual solicitado e com a temática a ser contemplada. Ou seja, é importante que as atividades de escrita favoreçam o acesso dos alunos tanto a outros textos do mesmo gênero quanto a um repertório de conhecimentos que possibilite a geração do conteúdo textual. O livro didático pode orientar explicitamente o professor quanto aos aspectos aqui discutidos, além de inserir atividades nas sequências didáticas que deem conta dessas necessidades.

Desse modo, requer-se dos alunos não mais uma 'narração' ou uma 'descrição', mas a escrita de um gênero textual adequado a um contexto específico (mesmo que fictício), dirigido a um leitor específico (mesmo que presumido), factível de ser concretizado (mesmo que de modo virtual). Somente com esses cuidados, autores em processo de formação, como os alunos dos anos iniciais do ensino fundamental, poderão vislumbrar um sentido em produzir textos na modalidade escrita da língua.

Observemos alguns exemplos extraídos de livros didáticos analisados no PNLD 2007 que desenvolvem um trabalho com produção de texto na perspectiva aqui considerada mais adequada.

Livros de alfabetização: o trabalho com as condições de produção

Na PNLD 2007 foram aprovados 47 livros didáticos de alfabetização. Apesar desse alto número, os comentários nas resenhas do *Guia do livro didático 2007* evidenciam que 68% dos LD apresentam lacunas metodológicas. Isso significa: embora tenham aprovado essas obras, os avaliadores fazem ressalvas às suas propostas, entendendo que é preciso dar a conhecer essas limitações aos professores, leitores do *Guia* e responsáveis pela escolha dos LD.

Como está descrito na Introdução deste livro, os LD foram classificados em três blocos. Os melhores livros quanto ao eixo de produção de textos foram classificados no segundo bloco. São os que oferecem boas situações de escrita e estimulam os alunos a refletir sobre os textos a serem produzidos.

Mesmo assim, não são todas as propostas que atendem aos critérios aqui apresentados. Na verdade, esse é um dos aspectos ainda a ser melhorado. É necessário investir mais no trabalho de produção de textos nos livros de alfabetização.

Um exemplo de boa atividade de escrita de texto pode ser visto no livro *Novo Roda Pião* (PORTES, 2001). O poema "Passa, tempo!" abre a unidade e introduz o tema da unidade: tempo. Vários textos de gêneros diferentes são apresentados (história em quadrinhos, cartaz, outros poemas) com o objetivo de explorar esse tema de diferentes maneiras. Depois, é apresentado um calendário indígena e um texto escrito por professores indígenas Pataxó falando sobre a vida de seu povo. A discussão sobre esse texto culmina com a proposta de produção escrita (p. 66-67):

> Uma grande ideia![2] Com a ajuda da professora, a sua turma pode escrever uma carta para os índios pataxó, fazendo perguntas sobre eles. O endereço é:

---

[2] Neste artigo, a transcrição das atividades analisadas não reproduz fielmente sua diagramação original.

Posto Indígena Guarani
CEP 35878-000
Município de Carmésia
MINAS GERAIS
E não se esqueçam! Contem para eles, na carta, um pouco da vida de vocês também.

Copiem a carta que vocês escreveram. Lembrem-se de colocar na carta:
- O lugar e a data na primeira linha
- Quem vai receber a carta
- A assinatura da turma

Preencham o envelope com a ajuda da professora. Carta vai, carta vem. Peçam a sua professora para levar a carta a uma agência dos correios. Depois, é só aguardar a resposta...

Nessa atividade, há delimitação clara da finalidade que orienta a escrita do texto. Os alunos receberam informações sobre a vida de pessoas que têm costumes diferentes dos seus e construíram indagações que podem ser respondidas por meio de um gênero textual que se presta a esse tipo de situação: a carta. A busca de estabelecer contato real com essas pessoas pode estimular bastante os alunos a se engajarem na tarefa. Desse modo, foi explicitada a finalidade (interagir com pessoas que moram distante e têm costumes diferentes dos seus), o destinatário (pessoas da comunidade indígena), o gênero textual (carta). No livro, antes dessa unidade, não há leitura de outros textos desse gênero; no entanto, como a carta é um gênero de alta circulação social e a tarefa será feita em grande grupo, os alunos receberão ajuda da professora, que vai mediar a realização do trabalho.

Outro bom exemplo é a solicitação de escrita de um cartaz, no livro *Português, uma proposta para o letramento* (ROCHA, 1999). A atividade faz parte de uma unidade sobre insetos, e há vários textos de gêneros diferentes (poema, fábula, texto didático, anúncio), convergindo para o tema. Depois de discussões sobre os cuidados de higiene necessários com os alimentos, para evitar que os insetos pousem ou caminhem sobre eles, é sugerido que os alunos escrevam um texto (p. 149-150):

> **Produção de textos**
> a) O professor vai organizar a turma em grupos.
> b) Com seu grupo, pense um modo de dizer para as pessoas sobre os cuidados que devemos ter com os alimentos e sobre a importância desses cuidados.
> c) Cada grupo vai fazer um cartaz para colocar na escola.
> d) Antes de escrever e desenhar no seu cartaz, faça um rascunho.
> e) Seu professor também vai dar ideias e ajudar na escrita de palavras.
>
> **Sugestão:** Fazer um texto com letras grandes, escritas de formas diferentes. Um desenho pode ajudar a chamar a atenção das pessoas.

Essa atividade é um bom modelo de como orientar a escrita dos alunos. Eles são estimulados a escrever para atender a uma finalidade clara: alertar as pessoas sobre os cuidados necessários com os alimentos. Como o espaço de circulação é a escola, os destinatários são facilmente identificados: alunos, professores, funcionários, pais e visitantes. A especificação do gênero textual – cartaz educativo – é um bom ponto de partida para as crianças. Essas informações são indispensáveis a uma boa produção escrita, pois orientam os alunos a pensar sobre quais estratégias discursivas adotar e como organizar o texto.

Nas coleções destinadas a alunos dos anos iniciais do ensino fundamental também há exemplos de boas atividades, como veremos a seguir.

Coleções dos anos iniciais do ensino fundamental: o trabalho com as condições de produção

Segundo os dados do PNLD 2007, todas as 37 coleções de 1ª a 4ª séries aprovadas contemplam a diversidade de gêneros textuais em suas atividades de escrita. Todavia, nem sempre o trabalho com gêneros textuais diversos está associado a encaminhamentos que considerem suas condições de produção e circulação. Quatro das coleções analisadas costumam negar ao aluno indicações a respeito do destinatário do texto. O aprendiz não sabe *para quem* está escrevendo, o que impossibilita decisões quanto ao que deve ser dito e em que "tom" (certamente, o autor mudaria o "estilo" de seu texto se estivesse escrevendo para um conhecido ou um desconhecido, para uma autoridade ou um amigo, para uma criança ou um adulto). Em cinco obras didáticas, pouco se diz quanto ao contexto social em que o texto poderia circular (na escola, na família, na igreja, no bairro, por exemplo), de forma a caracterizar uma situação efetiva de interlocução. Seis coleções não apontam rotineiramente os objetivos do ato de escrita. Daí resulta que o propósito atribuído ao texto pelo aprendiz, provavelmente, é o de atender uma exigência escolar, um exercício de escrita, sem outro significado além de agradar o professor. Por fim, em sete das coleções avaliadas, não é sempre indicado o suporte em que o texto será apresentado para o leitor – nem mesmo os suportes próprios da cultura escolar, como cartaz, mural, quadro de avisos são mencionados. Assim, nessas 12 obras, o trabalho realizado não favorece a compreensão do aluno de que a escrita é um ato dialógico e interacional, porque não leva o aprendiz a refletir a respeito de um ou mais dos fatores envolvidos no contexto de produção.

Por outro lado, 25 (67,5%) das obras analisadas orientam o aluno de modo satisfatório quanto às condições de produção e de circulação do texto a ser elaborado.

Um exemplo de boa atividade de produção textual encontra-se no LDP *Na ponta do lápis... e da língua* (ESPESCHIT; FERNANDES; GUALBERTO, 2005). A unidade 2 do livro da 2ª série apresenta para leitura a lei que estabelece o direito dos idosos à meia-entrada em espetáculos e eventos. Após trabalhar a compreensão do texto, explorar as características do gênero *lei* e *artigo de lei*, estudar os significados de "legal" e "ilegal", bem como dar exemplos de documentos necessários (como a carteira de identidade) ao exercício do referido direito, a obra solicita a elaboração de um projeto de lei. Para tanto, oferece as seguintes orientações (p. 101-102):

> Agora quem vai elaborar uma lei são vocês!
> 1) Formem grupos de seis alunos. Vocês serão uma "comissão de vereadores" que estarão elaborando um projeto de lei, ou seja, a proposta de uma lei que será votada mais tarde por todos os "vereadores" da turma.
> 2) Juntos, inventem uma lei para ser cumprida dentro da sala de aula. Essa lei pode estar relacionada a questões como:
> - O tratamento mais respeitoso entre todos os colegas e também entre professores e alunos;
> - O uso ou não de apelidos;
> - A forma de apresentação de trabalhos, etc.
> 3) Escrevam o texto do projeto, aproveitando toda a discussão que vocês fizeram na seção *De olho no texto*. O professor lhes dará maiores informações.
> 4) Depois de elaboradas, as leis deverão ser apresentadas para a turma. Discutam cada proposta, assim como se faz numa Câmara de verdade! Ao final, votem: esse *projeto* deve ou não ser transformado em *lei*?
>
> Para essa aprovação, vocês precisarão verificar se:
> a) A lei realmente pode ser aplicada em sala, sem interferir no funcionamento da escola. Por exemplo, uma lei que tratar da mudança do horário do recreio não pode ser aprovada, porque desorganiza o funcionamento da cantina.
> b) A lei atende aos interesses daqueles que fazem parte da turma, isto é, traz benefícios para os alunos e o professor.
> c) O texto da lei está escrito de uma forma clara.

Como se percebe, os alunos ficam sabendo com que objetivo (produzir uma lei) e para quem (colegas) vão escrever, e o contexto social a ser considerado (escola). A coleção articula as atividades de leitura e de produção textual. Ao explorar na leitura as características formais e a função social do gênero textual em pauta, já estava preparando a escrita do texto que seria solicitado.

Além disso, oferece questões próximas do cotidiano das crianças como temas a ser regulamentados.

Outro exemplo adequado de encaminhamento da elaboração de texto está na coleção *Português: Linguagens* (CEREJA; MAGALHÃES, 2004). A obra assume os gêneros textuais como objeto de ensino, buscando levar o aluno a compreender que todo texto deve ser produzido em função de seu contexto sociointeracional e de um determinado objetivo e leitor. A unidade 4 do volume da 4ª série trabalha o tema "Ser cidadão" ao longo de três capítulos. No primeiro capítulo, depois de lidas e debatidas uma propaganda crítica e uma reportagem sobre o trabalho infantil, são debatidos o tema *cidadania*, as características dos dois gêneros textuais e também os sentidos e a linguagem dos textos. Em seguida, na seção "Produção de Texto" (p. 167-168) são apontadas e discutidas várias características da reportagem: (a) sua natureza multimodal (isto é, o fato de ela aliar linguagem verbal e imagens como fotografias, mapas, ilustrações); (b) o foco em determinado assunto; (c) a adequação ao suporte e ao público a que se destina; (d) a utilização de números e percentuais para dar credibilidade às informações; (e) a indicação do nome do jornalista responsável pelo texto; (f) o emprego do dialeto padrão da língua. Na sequência, solicita-se do aprendiz que escreva uma reportagem, seguindo as orientações dadas (p. 169):

1) Forme uma dupla com um colega.
2) Escolham um dos assuntos seguintes ou outro de sua preferência:
   a) a biblioteca e/ou a sala de computação da escola
   b) comemorações e festas na escola
   c) o serviço dentário e médico na escola
   d) campanhas e trabalho voluntário na escola [...]
3) Busquem informações relacionadas ao assunto escolhido. Caso se trate de um serviço, procurem saber sobre seu funcionamento, em que época ou período(s) acontece, quem é o responsável por ele, quem participa, como é feito, o que pode ser melhorado, etc. [...]

4) Façam entrevistas com pessoas que entendam do assunto.
5) Selecionem e organizem o material obtido.
6) Façam o planejamento da reportagem. Pensem em como será a notícia central, que outros materiais serão utilizados: fotos, textos de opinião, entrevistas, outras notícias, etc.
7) Escrevam a reportagem sobre o assunto escolhido, pensando no tipo de público ao qual ela é dirigida: alunos de outras classes, professores, funcionários e pessoas que costumam visitar a escola.

O tema e o gênero são trabalhados em correlação com as atividades de leitura. Além disso, a escrita é vista como interlocução, na medida em que o aluno deve ter em mente um leitor (alunos de outras classes, professores etc.), um suporte (jornal mural) e um espaço de circulação (escola). Cuidados como esses, possíveis de ser contemplados pelos LDP, vão favorecer a construção da competência do aluno em escrita, nos diversos contextos sociais.

Outros aspectos importantes da produção textual dizem respeito à percepção da escrita como processo que envolve o planejamento e as revisões a que ela está submetida em contextos sociais de uso. Por isso mesmo, precisam ser ensinados aos alunos e serão objeto de nossas reflexões na próxima seção.

Aprendendo a planejar e a revisar textos nas atividades propostas nos livros didáticos

As atividades até agora discutidas têm em comum a indicação clara de fatores que favorecem o trabalho de escrita – a finalidade do texto, o destinatário, o espaço de circulação e o suporte –, imprescindíveis para que se possa planejar o que vai ser escrito.

As orientações acerca de como planejar fazem parte das condições para a produção do texto e não se resumem à indicação do contexto de elaboração. Mas, com certeza, sem consciência desse contexto, todo o restante fica insuficiente e pouco significativo.

Schneuwly (1988) explica que, a partir dessas informações sobre a situação de escrita, é criada uma base de orientação geral, que, durante toda a atividade, guia a geração do conteúdo textual e a textualização (a escrita propriamente dita).

Segundo esse autor, a produção escrita implica ações relativas a três instâncias de operação: a construção da base de orientação, o gerenciamento textual e a textualização, que é a expressão, em unidades linguísticas, das decisões tomadas anteriormente.

A construção da base de orientação guia o produtor no processo de gestão textual, que é relativo ao planejamento global do texto. Nesse planejamento, o escrevente toma decisões sobre: (a) o que será dito, resgatando da memória e selecionando seus conhecimentos; (b) qual modelo textual deverá adotar naquela situação, mobilizando seus conhecimentos sobre a estrutura geral do texto e sobre as melhores estratégias para seus propósitos comunicativos. Essas operações dizem respeito ainda às decisões mais gerais sobre a organização sequencial do texto, que podem ser mudadas no decorrer da atividade. O planejamento geral inclui, portanto, a decisão sobre que gênero textual será utilizado e o que é preciso fazer para adaptar tal gênero às condições concretas, dado que os gêneros textuais não são "normas a ser seguidas", e sim modelos a ser tomados como referência no momento da escrita.

Paralelamente a todo esse trabalho de criação de uma base de orientação e de gestão textual, são realizadas várias ações voltadas para a textualização: a produção do tecido do texto, a escrita das unidades linguísticas, em função do que vai sendo planejado.

Assim, durante todo o processo de escrita, há um trabalho de planejamento, geração de ideias, escrita, revisão para produção do próximo trecho do texto. Nessa perspectiva, não se concebe que o planejamento do texto seja realizado apenas no início do trabalho de escrita, nem que a revisão seja realizada apenas no final da produção. Há, durante todo o percurso: planejamento do que será dito e de como será dito; escrita da sequência linguística em função desse planejamento; revisão do que foi escrito; planejamento do próximo trecho; escrita; revisão e assim por diante. Frisamos que isso não significa abrir mão da necessidade de planejamento geral no início e de revisão e reescrita no final do processo.

É, portanto, fundamental ajudar os alunos a pensar sobre a situação de escrita e as estratégias a ser utilizadas, incluindo-se aí a mobilização dos conhecimentos sobre o tema e o gênero textual que vão adotar. Nem sempre é necessário explicitar, no comando da atividade, o gênero textual a ser utilizado, mas é importante que a situação didática contemple fases em que os alunos reflitam sobre ocasiões semelhantes à que estão vivendo, para saber que gêneros seriam adequados aos seus propósitos.

É também importante alertar a criança sobre a necessidade de reler sempre o que escreveu, tanto durante a geração do texto quanto ao final dele. Para isso, o aprendiz precisa construir critérios para revisar o texto e avaliar a sua pertinência, visando a reescrevê-lo para melhorá-lo, se necessário.

Segundo Leontiev (1984), escrever é envolver-se em uma atividade que abrange ações orientadas para atender a um propósito construído nas condições de uma interação social. Embora muitas operações sejam realizadas, estão todas integradas em direção a um propósito, são articuladas mentalmente em uma única direção, constituindo uma única atividade. Essas ações são as que discutimos até agora: planejar a atividade globalmente, decidindo o que será dito, que gênero textual será adotado e em que sequência o conteúdo será apresentado; gerar conteúdo, selecionando-o a partir do que está na memória ou do que está nas anotações e nos textos de consulta; textualizar ou escrever as unidades linguísticas no papel, decidindo sobre os recursos mais adequados; reler o que está escrito, modificando-o e decidindo sobre o que virá em seguida, retomando o planejamento geral. Ensinar o aluno a realizar essas operações é papel do professor, que pode ser auxiliado pelo que propõem os LDP.

O livro didático deve ajudar o aluno a ter o que dizer, possibilitando, na fase anterior à escrita, que o aprendiz leia ou discuta sobre o tema; deve informar sobre que gêneros podem ser adotados na situação, sem que isso implique normatizar os gêneros, já que, no uso social, é possível adaptá-los à situação e aos objetivos a que deve servir. É necessário, ainda, que o LDP proporcione situações de reflexão sobre estratégias discursivas adotadas por outros autores em situações semelhantes, com o foco em recursos linguísticos pertinentes aos propósitos interacionais. Assim, é preciso partir de outros textos para saber planejar e revisar os próprios escritos.

Essas orientações, indispensáveis a uma boa proposta pedagógica, se explicitadas nos livros didáticos e nas práticas dos professores, podem tornar conscientes para os alunos operações muitas vezes automáticas, levando o aprendiz a ser mais ativo no seu processo de aprendizagem e contribuindo para sua autonomia em decisões relativas ao que quer atingir por meio do texto escrito.

Livros didáticos de alfabetização: o trabalho com as operações de planejamento, escrita, revisão e reelaboração

Os livros de alfabetização não são todos equivalentes quanto à produção de textos. Alguns trazem atividades bem contextualizadas, com indicação clara de finalidades, destinatários, gêneros textuais e esferas de circulação dos textos a ser produzidos, e orientações sistemáticas sobre como produzir tais textos, levando os alunos a refletir sobre o que vão fazer. Outros, no entanto, são precários em relação a tais aspectos.

A maior parte das obras aprovadas no PNLD 2007 não estimula satisfatoriamente os alunos a planejar, revisar e avaliar seus escritos. Muitos livros (57,45%) não promovem reflexões que ajudem os alunos a pensar em como organizar os textos e a mobilizar conhecimentos necessários para a escrita. Os resultados também não são bons em relação ao estímulo às estratégias de revisão, pois apenas 44,68% foram avaliados positivamente. Há, no entanto, alguns bons exemplos de propostas de produção de textos, que passamos a analisar.

O livro *Na trilha do texto – alfabetização* (Matos; Assumpção, 2005) traz uma atividade de reescrita cujo objetivo é ajudar os alunos a pensar sobre o texto e a revisá-lo. Essa proposta está na unidade 4 ("Os textos no mundo"), composta de diferentes gêneros textuais (tirinhas, notícias, textos de propaganda, textos instrucionais, bilhete, conto). A proposta de produção de textos que vamos analisar compõe a sequência relativa ao texto "A boa sopa", dos irmãos Grimm. A atividade de leitura explicita que o professor deve ler o conto para os alunos e discutir coletivamente com eles. Depois, há questões com o propósito de levar as crianças a relembrar outros contos já conhecidos, chamando atenção para o uso da fórmula "Era uma vez" e para a construção dos personagens – heróis e vilões, protagonistas e antagonistas. Assim, os alunos são convidados a refletir sobre características comuns a diferentes exemplares do gênero *conto de fada*. O manual do professor (MP) acrescenta observações sobre as palavras usadas no encerramento, o tipo de personagens (príncipes, fadas, bruxas, monstros, lobo mau), a trama, a resolução e o vocabulário.

Dois aspectos merecem destaque nessas atividades prévias: a mobilização do repertório de contos de fada dos alunos e a explicitação de características gerais desse gênero, que está sendo tomado como objeto de reflexão. Em seguida, vêm as orientações para a produção de texto (p. 175):

Oficina de escrita
1) Escolha uma das histórias que você ouviu e reconte-a para a turma. À medida que forem contando, o professor vai escrevendo a história no quadro. No final, o professor lê como ficou e vocês modificam o que for necessário.
2) Compare o texto criado pela turma com o conto original. Discuta:
   - O que ficou parecido?
   - O que ficou diferente?
   - O que precisa ser mudado para tornar o conto mais bonito de ler e de ouvir?
3) Faça ilustrações para a história.

4) Monte um livro, colocando o texto, as ilustrações e um bela capa com o título da história. Doe essa produção para a biblioteca da escola para que outros colegas também conheçam histórias que começam com "Era uma vez...".

A sequência que antecede a atividade de escrita pode ajudar o aluno a mobilizar, antes de escrever, saberes necessários quanto ao conteúdo textual e às características do gênero. Durante a escrita do texto, há condições favoráveis para a revisão em processo, para o trabalho de definir, passo a passo, o que dizer e como dizer. Como se trata de produção coletiva, o professor deverá atuar como mediador, estimulando os alunos a decidir sobre cada "pedaço" do texto. Há ainda a explicitação de que, no final, os alunos, junto com o professor, devem ler e modificar o texto – revisar e reescrever. As recomendações seguintes, relativas à comparação entre o texto escrito e o que foi lido anteriormente, visam à reescrita final, a ser ilustrada e organizada em um livro, para possibilitar a leitura por outras pessoas da comunidade escolar.

Outra sequência didática que exemplifica como os livros didáticos podem contribuir para que os alunos aprendam a produzir bons textos encontra-se na unidade 4 do livro *A grande aventura: alfabetização* (CARVALHO; ANSON, 2005). A unidade, denominada "Arrepios e calafrios" (p. 148-203), é centrada no tema "medo", abordado em diferentes gêneros textuais (contos, anúncios, lendas, instruções de brincadeira, poemas). Na lição 1, os alunos são convidados a ler o conto "Os Morcegal, uma família unida pela mesma mordida". Após a exploração do tema e do texto em atividades de leitura e de conhecimentos linguísticos, é apresentada a proposta de produção de textos (p. 155):

Produzindo...

Na seção *Brincadeira*, você e os colegas irão construir máscaras de monstros assustadores.

Que tal organizar uma exposição de máscaras e preparar um convite para outra turma da escola vir apreciá-las?

1) Leia o convite que o Lobisomem recebeu.

Prezado Lobisomem,

Na sexta-feira, dia 13 de agosto, à meia noite, vai rolar um jantar bem sangrento aqui no meu castelo.

Você é meu convidado. Venha vestido de fraque e cartola.

Seu amigo,

Draculão.

2) Participe da escrita, na lousa, do rascunho do convite para a exposição.

3) Com a turma, releia o texto criado, verificando se falta alguma informação.

4) Combine com os colegas quem vai copiar o convite e ilustrá-lo com capricho.

Depois, é só entregar o convite e aguardar o grande dia da exposição.

Essa proposta é favorecida pelo investimento constante na manutenção do tema da unidade. Além disso, os alunos se veem diante de uma situação significativa em que escrever tem finalidade clara: convidar pessoas para participar de um evento que está sendo organizado por eles. Nessa situação, o *convite* é um gênero adequado. Para que as crianças resgatem seus conhecimentos sobre o modelo textual solicitado, vem o exemplo, que o professor pode explorar como preparação para a atividade de escrita, mostrando aos alunos o que é um convite e o que deve constar em textos desse gênero.

A atividade explicita a necessidade de que a escrita seja constantemente monitorada, com revisões e reorganização do texto, até versão final e a ilustração. Com isso, os alunos podem perceber que produzir um texto demanda investimento, com retomadas contínuas sobre o material escrito.

Os dois exemplos ajudam a entender que os livros didáticos podem auxiliar os professores na difícil tarefa de ensinar a aprender a escrever textos.

Coleções dos anos iniciais do ensino fundamental: o trabalho com as operações de planejamento, escrita, revisão e reelaboração

As operações exigidas pela atividade de produção textual foram analisadas, no PNLD 2007, em termos da contribuição oferecida pelas coleções à realização, pelos alunos, das ações de planejamento, revisão e re-elaboração do texto.

Para os avaliadores do PNLD 2007, 20 coleções (54%) limitam-se a atender a uma ou a duas das referidas operações, e três obras (8%) descuidam inteiramente dessas as operações, que são de extrema relevância no processo de elaboração escrita. Portanto, apenas 14 obras didáticas (38%) preocupam-se em orientar de forma sistemática o aluno nas tomadas de decisão quanto ao planejamento e à gestão textual. Dessas obras extraímos os exemplos apresentados a seguir.

O primeiro vem da coleção *Português: uma proposta para o letramento* (SOARES, 1999). A unidade 3 do volume 3 tem como temática "Bichos de estimação: de todo jeito e feitio!". Depois de dois textos que abordam mais especificamente o tema, há questões que levam os alunos a refletir sobre a temática e a linguagem dos textos. Só então é proposta a produção de um texto escrito.

A atividade começa estimulando os alunos a falar sobre o nome e as características do bicho de estimação que têm ou gostariam de ter. Na sequência, o aprendiz é encorajado a desenvolver um texto que será lido pelos colegas, contando a respeito desse "bicho": como ele se chama, quais são seus hábitos e preferências, quando e como o aluno brinca com ele. Quem falar de um bicho que gostaria de ter deverá dizer por que não tem, por que gostaria de ter, que nome daria a ele, como trataria dele, como brincaria com ele (SOARES, v. 3, p. 112). Finalizada a primeira etapa da escrita, indica-se para o aluno:

> 1) Reúna-se com um colega:
> a) Você lê o texto dele, ele lê o seu texto.

b) Você dá opiniões sobre o texto de seu colega, sugere correções, verifica se estão faltando informações que você gostaria de ter e que seria interessante acrescentar...

c) Ele faz o mesmo com o seu texto. Peçam a ajuda do professor, se necessário.

d) Reescreva seu texto com as correções e sugestões de seu colega numa folha de papel. Usem folhas de papel iguais.

2) Para que cada um possa ficar sabendo o que os colegas contaram sobre bichos de estimação, façam com os textos um livro que todos possam ler (por isso os textos devem ter sido escritos em folhas iguais):

a) Resolvam em que ordem devem aparecer os textos [...].

b) Façam um sumário do livro [...].

c) Escolham um título bem atraente para o livro.

d) Decidam como será a capa e quem vai fazê-la.

e) Resolvam como será montado o livro e quem vai montá-lo.

Pronto! Agora, o livro pode ser lido cada dia por um de vocês.

Destacamos o cuidado com cada momento do processo de elaboração textual, coerente com a concepção de escrita como atividade de interlocução assumida pela obra. Os aprendizes são orientados quanto ao planejamento não apenas do texto (o que escrever, para quem escrever e para que escrever), mas também de sua publicação (ordem em que os textos aparecem no livro; sumário; título; capa; montagem do livro). No que se refere à revisão, os alunos são estimulados a recorrer à ajuda do professor, que poderá seguir as indicações do manual do professor (SOARES, MP, v. 3, p. 20-21) para orientá-los: quanto à qualidade da interação discursiva promovida pelo texto (o objetivo foi atingido? o interlocutor foi considerado? a variedade e o registro utilizados são adequados?); quanto ao nível de textualidade (organização, coerência, coesão, vocabulário estão adequados ao gênero e aos objetivos do texto?); quanto aos padrões de escrita (ortográficos e morfossintáticos, que dependem do gênero e da variedade linguística que a situação impõe ao texto).

Com base nessas indicações o aluno vai rever e reescrever seu texto. Vai também atuar como leitor crítico de seu colega, ao mesmo tempo em que dele receberá críticas ao seu trabalho. Por esse encaminhamento, a função social da escrita pode ser vivenciada e tomada como objeto de reflexão em sala de aula.

Outro exemplo de cuidado com a gestão textual encontra-se no livro didático *De olho no futuro: Língua Portuguesa* (SOUZA; MAZZIO, 2005), que aborda o tema *No reino das palavras* na unidade 5, do volume da 4ª série. Depois da leitura de uma resenha do livro "Sutilezas da vida", de Michael Foreman, são exploradas várias características do texto: suporte, objetivo e autor da resenha; autor e editora do livro resenhado; público a que a resenha se destina; linha argumentativa (o autor da resenha recomenda ou não o livro?). Vem na sequência uma proposta de produção oral, na qual o aluno deve resumir seu livro favorito, a partir de "dicas" para a realização e a avaliação da tarefa. Após esse conjunto de estudos, segue-se a produção escrita.

O aluno é convidado a redigir uma resenha crítica, depois de relembradas algumas características desse gênero (p. 120-121). O LD disponibiliza uma ficha com os pontos retomados, para orientar o planejamento do texto. Cabe ao aprendiz escolher o livro a ser resenhado. Após a escrita do texto, a resenha deve ser relida, tendo em vista os seguintes parâmetros:

> 1) Foram incluídas em sua resenha todas as informações necessárias sobre a obra, de modo a facilitar o acesso do leitor que se interesse em conhecê-la?
>
> 2) Você conhece bem o livro sobre o qual fez a resenha?
>
> 3) O resumo que você fez deixa claro para o leitor o assunto da obra e expõe sua impressão pessoal sobre ela?
>
> Depois que todas as resenhas estiverem prontas, organizem um painel e realizem uma exposição. Desse modo, todos poderão se informar sobre as novas opções de leitura.

Nessa coleção, leitura, oralidade, análise linguística e produção textual são interrelacionadas, de modo que a escrita está sendo ensinada desde o texto de leitura. A resenha lida funciona como modelo que prepara o aluno para a atividade de escrita. Nas seções anteriores à produção são também indicadas estratégias que contribuem para o planejamento da resenha a ser escrita. Já a releitura crítica do texto redigido pelo aluno é orientada por meio de perguntas que o levam a observar sua resenha da perspectiva do leitor. Assim, o aprendiz não fica perdido, sem saber o que observar no seu texto para melhorá-lo. Esse encaminhamento favorece a construção da capacidade de descentração, ou seja, da capacidade de colocar-se no lugar do interlocutor a quem o texto se dirige.

Para concluir: produção de texto, livro didático e prática pedagógica

As reflexões desenvolvidas neste artigo, associadas a dados produzidos pelo PNLD 2007, indicam que ainda é preciso melhorar bastante o trabalho de elaboração textual nas obras didáticas. Essa melhoria precisa levar em conta, sobretudo, que as orientações de produção devem garantir aos alunos o acesso a situações adequadas de escrita de textos. Como vimos, no que tange às condições de produção e à gestão textual, muitas das obras avaliadas limitam-se a propor atividades vagas, sem caracterizar claramente as finalidades, os destinatários e o gênero textual do texto a ser produzido. Essas lacunas caracterizam uma parcela expressiva dos livros didáticos.

Os bons exemplos aqui analisados, no entanto, indicam que, se encaminhadas adequadamente, as atividades de produção de texto podem proporcionar um trabalho de qualidade com a escrita em sala de aula. As atividades estudadas podem servir de referência para o trabalho dos professores e ser tomadas como ponto de partida para a criação de muitas outras.

A reflexão sobre essas propostas revela que as mudanças nos livros didáticos e nas práticas docentes estão em processo. Já existe um movimento de transformação que merece ser considerado por professores e autores de livros didáticos.

A presença desses bons encaminhamentos nos livros didáticos preenche uma lacuna que há tempo vem tipificando o ensino da Língua Portuguesa no Brasil: a falta de contextualização da escrita. Com eles, verifica-se que é possível levar os alunos a perceber que se escreve texto para interagir socialmente e que, na escola, podemos aprender a elaborar diversos textos e a pensar sobre eles, desenvolvendo estratégias textuais e discursivas variadas, que aumentam o poder de monitoração sobre as próprias aprendizagens.

Assim, propomos que, tal como ocorre nas situações de escrita analisadas neste artigo, professores e autores de livros didáticos busquem garantir nas propostas de elaboração textual condições para que os alunos construam representações adequadas a respeito do planejamento das estratégias de escrita, monitorem suas próprias ações, revisem o texto escrito e avaliem se atingiram os objetivos pensados durante o planejamento.

Capítulo 7

A ABORDAGEM DE TEXTOS LITERÁRIOS EM LIVROS DIDÁTICOS DE LÍNGUA PORTUGUESA DE 5ª A 8ª SÉRIES

Delaine Cafiero
Hércules Tolêdo Corrêa

As sucessivas avaliações do PNLD, bem como a incorporação de diversas teorias linguísticas recentes, têm levado a modificações no livro didático de língua portuguesa com o passar dos anos. As mudanças são visíveis em diferentes aspectos: embasamento teórico-metodológico, forma de organização das unidades, foco em determinados conteúdos, ênfase em aspectos procedimentais, características gráfico-editoriais. Um ponto significativo nessas mudanças é a entrada de novos gêneros textuais no livro didático.

A novidade trazida pelas teorias do texto e do discurso, apesar de nem sempre se traduzir em práticas relevantes para o ensino de língua materna, devido a apropriações inadequadas que delas se fazem, tem começado a promover mudanças significativas no tratamento dado às atividades de leitura. No âmbito pedagógico, nesses tempos de mudanças, a aula de Português passou a abrigar ampla diversidade de gêneros (SOARES, 2002). E paralelamente a propostas que dão tratamento uniforme a todos os textos de qualquer gênero despontam tarefas inovadoras que podem contribuir para a formação de bons leitores.

Neste trabalho, analisamos a seleção de textos e as atividades de leitura propostas em coleções de 5ª a 8ª séries avaliadas no PNLD 2008. Observando de que modo os gêneros do domínio literário/ficcional participam das coleções, buscamos responder às questões: (a) quais as consequências da nova configuração dos livros didáticos de Português (LDP) para o ensino de leitura; (b) qual é o lugar do texto literário nas novas coleções; (c) que gêneros da literatura são trabalhados; (d) em que medida o tratamento dado ao texto literário pode contribuir para a formação do leitor de literatura.

Percursos do texto na sala de aula

A retrospectiva das propostas de ensino de língua portuguesa nas últimas décadas leva a perceber o deslocamento da ênfase na análise estrutural da frase para a ênfase no tratamento do texto, numa perspectiva discursiva ou enunciativa.

A circulação de textos variados na escola passou a ser imperativa, principalmente, em função de três fatores. O primeiro foi a divulgação de teorias linguísticas segundo as quais a apropriação e o desenvolvimento da linguagem se faz pela compreensão e produção de textos em contextos significativos. O segundo foi a chegada, em 1998, dos Parâmetros Curriculares Nacionais destinados ao terceiro e ao quarto ciclo do ensino fundamental, pois esse documento também prevê o trabalho com textos de gêneros diferentes. O terceiro relaciona-se ao uso de livros didáticos que, por influência dos critérios do PNLD, passaram a incluir em suas coletâneas gêneros textuais diversos.

É em torno dos anos 1980 que as atenções começam a se voltar para o texto, e as aulas de língua materna, antes voltadas apenas para o estudo da frase, passam gradativamente a incorporar o estudo do texto.

Antes de ser tratado como objeto de ensino, com a exploração de seu funcionamento e de seu contexto de produção e recepção, o texto na sala de aula passa por um longo percurso.

Como destacam Rojo e Cordeiro (2004), primeiro o texto foi "usado" nas atividades de leitura e de escrita, como se nesse uso por si só o aluno fosse desenvolver habilidades textuais e discursivas.

Por outro lado, ampliou-se uma abordagem tradicional, centrada na estrutura dos tipos textuais, como a narração, a descrição e a dissertação. Por exemplo: na narração, importa saber identificar a situação inicial, a complicação, o clímax e a solução e, ainda, o conflito gerador do enredo, o tempo, o espaço, as personagens; na dissertação argumentativa, destacam-se a tese e os argumentos usados para sustentar a tese. Assim, o foco desloca-se da gramática da frase para uma espécie de gramática do texto.

Um dos problemas que essa abordagem enfrenta é que os textos nem sempre correspondem aos padrões esperados, o que torna difícil identificar sua estrutura. O aluno aprende determinada organização tipológica, para a dissertação, por exemplo, mas quando vai analisar textos supostamente do mesmo tipo não consegue identificar os mesmos elementos. Outro problema é que, com a ênfase na organização estrutural, os sentidos do texto são negligenciados.

Outra metodologia que ganhou espaço em propostas curriculares e foi efetivada em algumas escolas, foi o trabalho com procedimentos de leitura e de escrita. Com base em teorias cognitivas e textuais, nem sempre dominadas pelo professor, o ensino passou a focalizar estratégias de leitura e escrita destinadas a tornar conscientes operações mentais que o sujeito realiza, nos atos de ler e escrever. Nessa metodologia, como questionam Rojo e Cordeiro (2004, p. 8) o texto não é tomado como objeto de estudo, mas como suporte para o desenvolvimento de estratégias necessárias a seu processamento.

Além disso, noções como macro e microestrutura do texto (van Dijk, 1992), coesão e coerência (Halliday, 1978; Beaugrande e Dressler, 1983), presentes nas discussões acadêmicas, chegam a algumas salas de aula, a alguns livros didáticos e são tratadas como conteúdos a ser ensinados, conceitos a ser memorizados, e não como habilidades a ser dominadas e exercidas na leitura e na escrita.

Uma característica comum a todas as abordagens descritas é o privilégio da forma em detrimento do conteúdo.

Os PCN de 1998, vêm propor mudanças nesse percurso, apontando para uma concepção de ensino de língua materna que privilegia uma perspectiva discursiva, isto é, uma perspectiva que se interessa pela linguagem em uso, levando em conta os participantes do jogo de interação verbal, seus objetivos e disposições, bem como o contexto em que ocorre essa interação. Assumindo a concepção discursiva, esse documento toma a língua como atividade social e histórica, dinâmica e flexível, de natureza cognitiva, funcional e interativa. Por isso os PCN atribuem fundamental importância às situações de produção e de circulação dos textos, elegendo-os como ponto de partida e de chegada para todas as ações em sala de aula, inclusive a reflexão linguística.

Nos PCN, os gêneros textuais ganham força como objeto de ensino. O documento destaca a importância e o valor dos usos da linguagem para atender às necessidades comunicativas dos falantes e a importância de formar sujeitos capazes de usar o gênero adequado, nas múltiplas práticas sociais de linguagem. Ensinar língua portuguesa é ensinar a compreender e produzir textos orais e escritos e a refletir sobre esses processos, para agir com competência em situações sociais diversas.

Assim, a partir dos PCN, a palavra gêneros, que tinha uso restrito à área da literatura, onde servia para referir-se a funções consideradas fundamentais – lírico, épico ou narrativo, dramático ou teatral – e especiais – satírico e humorístico, oratório, epistolar, didático, passa a ser usada com o sentido proposto por Bakhtin [1953 (1992)][1]: formas relativamente estáveis de enunciados[2], disponíveis na cultura e caracterizadas por três

---

[1] Bakhtin escreveu seu artigo *Os gêneros do discurso* entre 1952 e 1953, mas o texto ficou inédito até 1979, quando foi publicado na França. A primeira edição brasileira é de 1992.

[2] Na tradução de 1992 de *Estética da criação verbal*, os termos *discurso, enunciado* e *texto* são equivalentes, intercambiáveis. Neste artigo, usamos preferencialmente o termo *texto*, mas empregamos também *discurso* e *enunciado*, tal como aparecem na edição brasileira consultada.

elementos: conteúdo e abordagem temática, forma composicional e estilo.[3]

O termo *gêneros textuais*, aos poucos, foi incorporado ao vocabulário usado na escola, mas, muitas vezes, com aproveitamento inadequado ou insuficiente. A publicação dos PCN não foi acompanhada da necessária promoção de cursos de atualização profissional que permitissem a todos os professores conhecer a teoria, dominar os conceitos básicos e, a partir daí, formular práticas pedagógicas adequadas e proveitosas.

O insuficiente trabalho de formação continuada de professores para atuar com os princípios e conceitos dos PCN teve ainda como consequência o tratamento dos gêneros textuais na mesma abordagem consagrada aos estudos gramaticais, com o privilégio do conteúdo e dos procedimentos de classificação. Assim, com frequência, passa-se a enfatizar a classificação de textos segundo seu gênero e a identificação de suas características estruturais. Com isso, são deixados de lado os aspectos mais importantes: os sentidos que os textos permitem construir, sua circulação social, seu funcionamento em diferentes situações de comunicação.

Do mesmo modo, o conceito de gênero é marcado pela imprecisão e recebe tratamento não apropriado quando começa a figurar nas propostas de livros didáticos. Muitos livros ignoravam que os diversos gêneros exigem estratégias diferenciadas de leitura. Disso resultou que o trabalho executado, com frequência, se tornasse muito homogêneo, com as atividades de leitura explorando as mesmas questões para todos os textos, sem considerar as peculiaridades do gênero em foco e negligenciando a pluralidade dos modos de ler.

Apesar de reconhecermos as dificuldades enfrentadas nas aulas de português e a diversidade teórica que ainda persiste

---

[3] Esses elementos do conceito bakhtiniano de *gênero* são explicados e exemplificados no glossário, no final do livro. Para uma visão teórica mais refinada, ver ROJO, 2005.

nesse campo[4], acreditamos que tomar os gêneros como objeto de ensino pode contribuir para um trabalho proveitoso, porque remete os alunos às práticas sociais de leitura e escrita, incluindo-se aí as relativas aos textos literários. A busca de atualização e consistência que vimos observando nos LDP, nas propostas de atividades e nas exposições teóricas do manual do professor, pode dar a eles um papel fundamental nesse processo.

Neste trabalho, damos especial atenção ao tratamento dos textos literários nos livros didáticos, verificando em que medida esse tratamento pode contribuir para a formação de um leitor de literatura.

Os gêneros da literatura nos livros didáticos e na sala de aula

O trabalho didático com o texto literário pode e deve valer-se da observação das singularidades e propriedades de composição que caracterizam esse tipo muito particular de escrita. Entretanto, esse trabalho não pode reduzir-se apenas a identificar e/ou distinguir um conto de uma crônica, a cobrar respostas únicas em atividades limitadas de compreensão. É preciso, como afirma Martins (2007), "não negligenciar o pacto ficcional[5] que o jogo da linguagem e do imaginário tentam estabelecer com os leitores e que somente estes serão capazes de instaurar, ou de ignorar, no seu comportamento participativo". Os recursos linguísticos envolvidos na construção dos textos podem e devem ser explorados, mas, muito mais importante do que saber que conectores foram utilizados entre as orações, é perceber múltiplos efeitos de sentido gerados pelas construções utilizadas.

---

[4] No estudo dos gêneros textuais no Brasil, tem predominado o trabalho de autores filiados aos fundamentos teóricos de Bakhtin, como os da Escola de Genebra. No entanto, há outras matrizes de compreensão e abordagem desse tema, como, por exemplo, as propostas de Halliday, Hasan, Swales, Miller, Bazerman, Fairclough. Para um aprofundamento nessas referências, ver Meurer, Bonini e Motta-Roth (2005).

[5] Ver glossário, no final deste livro.

Até os meados dos anos 1970, a literatura tinha *status* privilegiado na escola. Os textos que circulavam nos livros didáticos, assim como os selecionados pelos professores, eram, majoritariamente, os de caráter literário. No entanto, a aclamação da necessidade da presença de gêneros diversos na escola, instaurada pela chegada dos PCN, fez com que os textos da literatura perdessem espaço nos LDP e nas salas de aula.

Um sério equívoco pôde, então, ser observado: livros didáticos e professores, passando a se dedicar mais a outros gêneros, acabaram por dar um tratamento uniforme aos textos provenientes de diferentes esferas sociais, como a jornalística, a publicitária, a política e, também, a literária. O grande problema é que cada uma dessas esferas tem suas peculiaridades. Não se leem os textos da mesma maneira e não se aprende a ler os diversos textos usando as mesmas estratégias. Por isso, não adianta substituir alguns gêneros por outros. É importante que se aprenda a lidar com a diversidade de gêneros de modo a favorecer a ampliação das diferentes formas de letramentos dos alunos. Por isso é que os estudos recentes sobre o letramento utilizam essa palavra no plural – *letramentos* –, com o objetivo de mostrar a multiplicidade de formas de interagir com os diferentes gêneros e domínios discursivos.[6] É o que destaca Soares (2005, p. 30-31):

> Ler, verbo transitivo, é um processo complexo e multifacetado: depende da natureza, do tipo, do gênero daquilo que se lê, e depende do objetivo que se tem ao ler. Não se lê um editorial de jornal da mesma maneira e com os mesmos objetivos com que se lê a crônica de Veríssimo no mesmo jornal; não se lê um poema de Drummond da mesma maneira e com os mesmos objetivos com que se lê a entrevista do político; não se lê um manual de instalação de um aparelho de som da mesma forma e com os mesmos objetivos com que se lê o último livro de Saramago.

Assim, os diferentes gêneros, das várias esferas sociais, precisam fazer parte do universo de leituras do aluno, a fim de

---

[6] Veja o verbete *domínio discursivo* no glossário.

que ele possa experienciar o modo de ler específico de cada um deles. Portanto, é muito legítima a entrada de certos gêneros textuais no livro didático e na sala de aula, como por exemplo, os quadrinhos e tirinhas, antes marginalizados. Por outro lado, essa entrada parece ter feito com que o texto literário perdesse, mais do que sua hegemonia na sala de aula, o espaço privilegiado que deveria ocupar.

Já que tratamos da presença e da abordagem da literatura no livro didático, é importante analisarmos as mudanças que se observam nos critérios de avaliação das coleções nas últimas edições do PNLD relativas aos livros de 5ª a 8ª séries.

O PNLD 2002 estabelece como critérios (dentre outros) para a avaliação da "natureza do material textual":

a) a diversidade de gêneros e tipos de texto;

b) a diversidade de contextos sociais de uso (imprensa, literatura, ciência);

c) a presença significativa de textos literários;

d) a presença da tradição oral;

e) a diversidade de autoria dos textos literários (época, região, nacionalidade);

f) a representatividade da autoria no espaço da produção literária;

g) o favorecimento da ampliação do repertório literário do aluno.

Na parte relativa às atividades de leitura e compreensão de textos escritos, entre outros pontos, os critérios avaliavam a exploração dos recursos linguísticos quanto aos processos coesivos, estilísticos, estéticos, o trabalho com a variedade linguística e com a diversidade de tipos e gêneros de textos.

No PNLD 2005, registram-se algumas modificações na ficha de avaliação, no que diz respeito às questões que aqui nos interessam. Permanecem perguntas quanto à presença significativa de textos literários, à diversidade de autoria, à representatividade da autoria na esfera literária, mas não aparece a questão da ampliação do repertório literário do aluno. No item relativo à exploração dos recursos linguísticos para a compreensão do texto quanto a processos estéticos e literários, é acrescentada uma especificação do que deve ser observado: linguagem conotativa, recriação da realidade, envolvimento dos leitores na leitura dos vazios do texto, jogos de palavras, rimas etc. Um novo item é incluído na ficha de avaliação: "a coleção solicita ao aluno apreciações estéticas e/ou afetivas sobre os textos lidos?"

No PNLD 2008, há uma mudança significativa na ficha de avaliação. Inclui-se uma seção específica sobre a abordagem do texto literário, composta de sete questões:

a) formação do leitor de literatura;

b) observação das convenções e dos modos constitutivos do jogo literário[7] na leitura desses textos;

c) situação do texto em relação à obra da qual faz parte;

d) estímulo à leitura da obra completa e/ou de outras obras relacionadas ao texto;

e) presença de atividades que possibilitem ao aluno apreender a singularidade discursiva, linguística e cultural dos textos literários selecionados;

f) presença de atividades que levem o aluno a observar a organização particular do texto e a sua relevância para a construção dos sentidos possíveis;

g) presença de atividades que favoreçam a aproximação adequada do aluno ao padrão linguístico do texto (quando necessário).

A inclusão da seção "A abordagem do texto literário" na ficha de avaliação do PNLD 2008 demonstra uma preocupação do Programa em avaliar a contribuição do livro didático para a formação do leitor literário. Com isso, a avaliação assume que a literatura tem um modo particular de produção, que leva a estratégias específicas de leitura e envolvimento, conforme o tipo de pacto que a obra propõe ao leitor: ficcional, poético, autobiográfico etc. Ressalte-se, ainda, a preocupação da ficha de

---

[7] Ver glossário, no final deste livro.

avaliação em observar se a coleção estimula o aluno a conhecer a obra da qual foi extraído o texto selecionado e outras obras a ele relacionadas. Outro ponto relevante é a expressão "sentidos possíveis", em que se respeita a plurissignificação constitutiva dos textos literários e a multiplicidade de interpretações, dentro de um leque de possibilidades.

A pesquisa: metodologia, resultados e análise

Esta pesquisa analisou seis coleções aprovadas no PNLD 2008, consultando o Guia de Livros Didáticos – as resenhas e a introdução – e as fichas que contêm os critérios de avaliação.

Na introdução do *Guia 2008* (p.15) são descritos os critérios que conduziram a avaliação do trabalho de leitura:

> As atividades de exploração do texto têm como objetivo básico o desenvolvimento da proficiência em leitura. Portanto, só se constituem como tais, na medida em que
>
> a) encarem a leitura como uma situação efetiva de interlocução leitor/ autor/ texto, situando a prática de leitura em seu contexto social;
>
> b) colaborem para a reconstrução dos sentidos do texto pelo leitor, desenvolvendo, para tanto, as estratégias e capacidades que se façam necessárias;
>
> c) explorem as propriedades discursivas e textuais em jogo, subsidiando esse trabalho com os instrumentos metodológicos apropriados;
>
> d) solicitem do aluno apreciações de valor, no campo ético, moral, estético e afetivo, de maneira a contribuir para a formação de um leitor crítico;
>
> e) propiciem, por meio de seleção criteriosa e respeito ao pacto ficcional, uma abordagem adequada de textos de valor artístico e, portanto, a formação do leitor literário.

As fichas de avaliação intermediárias, que registram a análise de cada volume das coleções, trazem um levantamento de todos os textos do livro, com a indicação do autor e do gênero. Para o presente estudo, recorremos também a esses levantamentos feitos pelos avaliadores.

Das fichas de avaliação, que são a base para a construção das resenhas, destacamos as informações relativas à coletânea textual e às atividades de leitura, com especial atenção para o tópico abordagem do texto literário.

Recorremos também à classificação das coleções em cinco blocos, segundo seu princípio organizador: tema, tema e gênero, tópicos linguísticos, tema e projeto, projetos ligados a gêneros (*Guia 2008*, p. 20-22). Essa explicitação do princípio organizador nos possibilitou selecionar, para este estudo, as resenhas das coleções que se orientam explicitamente por um trabalho com os gêneros[8]: as do bloco 2 (tema e gênero) – coleções 094 e 137; e as do bloco 5 (projetos ligados a gêneros) – coleções 018, 019, 064 e 141.

A seguir, apresentamos a TAB. I, que mostra o número de textos presentes em cada coleção analisada e a proporção de textos literários e não literários.

Para a elaboração dessa tabela, foram considerados como textos literários: narrativas para crianças e jovens (textos completos e fragmentos), fragmentos de romances, poemas, contos, letras de canções, autobiografias e afins, fragmentos de textos teatrais, provérbios, literatura de cordel. Também as crônicas (gênero híbrido, que oscila entre o literário e o jornalístico), foram consideradas como textos literários. Nos números relativos aos textos não literários foram computados diferentes gêneros textuais, de domínios como o jornalístico (notícias, reportagens, editoriais, entrevistas, biografias de cunho informativo); o publicitário (anúncios, cartazes), o didático, o científico, o religioso, o comercial, o jurídico, o cinematográfico (roteiro).

---

[8] Coleção 094: DIAFÉRIA, C.; PINTO, M. *Construindo consciências – português*; Coleção 137: CORDEIRO, I. C.; MARQUES, M. A.; KASTER, M. A. P.; SANTOS, G. J. F. *Trabalhando com a Linguagem*; Coleção 018: ANDRADE, S. L.; PINTO, P. C. M.; CAMPOS, E. M. *Viva português*; Coleção 019: MARCHEZI, V. L. C.; BORGATTO, A. M. T.; BERTIN, T. C. H. *Tudo é linguagem*; Coleção 064: *Projeto Araribá – Português*; Coleção 141: CEREJA, W. R.; MAGALHÃES, T. A. C. *Português linguagens*.

TABELA 1: Textos literários e
não literários nas coleções analisadas

	Textos				
	Número Total	Textos literários		Textos não literários	
		Núm.	%	Núm.	%
C018	366	162	44	204	56
C019	294	137	46	157	54
C064	855	409	48	446	52
C094	230	136	60	94	40
C137	259	95	37	164	63
C141	410	178	43	232	57

A TAB. 1 evidencia que apenas na coleção 094 os textos literários aparecem em maior porcentagem. Nas coleções 018, 019, 064 e 141, a porcentagem de textos não literários é um pouco maior e na coleção 137 é bem maior a quantidade de textos não literários.

O tratamento dado aos textos literários também não é homogêneo nessas coleções. No tópico abordagem do texto literário da ficha de avaliação, a análise era registrada por meio das respostas sim (S) ou não (N) a cada item.

Como se vê no Quadro I (a seguir), as coleções do bloco 5 receberam maior número de respostas positivas na abordagem do texto literário. Nesse bloco, entretanto, apenas a 018 é considerada como coleção que atende a todos os critérios referentes à contribuição para a formação do leitor de textos da literatura. As outras coleções do bloco 5 e as duas do bloco 2 atendem apenas parcialmente a esses critérios.

O que se percebe é que, embora haja um movimento bastante positivo na exploração do texto literário pelas coleções, elas apenas mobilizam, em maior ou menor medida, algumas capacidades de leitura do texto literário. Não se pode dizer que haja uma exploração adequada sistematicamente realizada pelos

LDP analisados. Há, sim, um conjunto de ações propostas por essas obras que podem ser consideradas inovadoras.

QUADRO 1: Análise das fichas

Abordagem do texto literário	Bloco 2		Bloco 5			
	094	137	018	019	064	141
Colabora para formação do leitor literário?	S	S	S	S	N	S
Respeita as convenções e os modos constitutivos do jogo literário?	N	S	S	S	N	S
Situa o texto em relação à obra de que faz parte?	S	N	S	N	S	N
Estimula o aluno a conhecer a obra?	S	N	S	N	N	S
Contempla a singularidade (discursiva, linguística, cultural) do texto?	N	S	S	S	N	N
Leva em conta a organização particular do texto e sua relevância para produção de sentidos?	N	S	S	S	S	S
Aproxima adequadamente o aluno do padrão linguístico do texto quando necessário?	N	N	S	S	N	S

A análise dos dados das fichas de avaliação e das resenhas do Guia possibilitou identificar dois conjuntos de práticas: um composto de ações que contribuem pouco com a formação do leitor e outro feito de ações que se constituem como uma perspectiva interessante e produtiva para o trato com os textos da literatura em sala de aula.

No primeiro grupo destacam-se coleções cujas coletâneas incorporam um número restrito de textos literários para exploração de atividades de leitura, priorizando gêneros de outras esferas de circulação (jornalística e publicitária, por exemplo). Nelas há também um excesso de fragmentação dos textos: muitos constituem recortes das obras de onde foram extraídos (ainda que tais recortes resguardem a unidade de sentido). Textos integrais são raros, o que prejudica o contato do aluno com o gênero tal como ele circula na sociedade. As sucessivas experiências de leitura limitadas quase que exclusivamente a fragmentos de obras maiores, podem ainda acarretar, para os alunos, a falsa concepção de que texto de escola, texto de aula de português, é sempre "pedaço" de texto. Pode ficar prejudicada, então, um aspecto fundamental do conhecimento textual-discursivo, que é a noção de acabamento do texto (cf. BAKHTIN [1953 (1992)]), isto é, a noção de que um texto é um todo cujos limites (começo e fim) os falantes sabem reconhecer, entre outros critérios, pela alternância de locutores.

Outro problema é a exploração privilegiada de sentidos literais, isto é, o foco do trabalho não é levar o aluno a fazer inferências, a perceber efeitos de sentido, mas apenas a identificar informações explícitas. Compromete mais gravemente a exploração dos textos literários o fato de muitos serem usados apenas como base para a realização de exercícios gramaticais e/ou de ortografia. Isso pode ser visto em algumas das coleções principalmente em relação ao trabalho com poemas (e, às vezes, no tratamento dado às tirinhas e quadrinhos). Por último, chama atenção nesse grupo o trabalho que trata os gêneros em geral, mas especialmente os da literatura, como formas fixas. Os alunos são levados a identificar características de sua forma composional (por exemplo, situação inicial, complicação, clímax e desfecho, nas narrativas); ou a classificar textos como pertencentes a determinado gênero, sem considerar os objetivos a que serve, a instituição em que circulam, o público a que se destinam. Sobretudo, sem relacionar sua estrutura e seus recursos linguísticos a seu funcionamento social.

Por outro lado, destacam-se, no segundo grupo, fatores que podem contribuir para a formação do leitor literário. Um deles é a seleção de autores que oportunizam ao aluno contato com leitura de qualidade. Outro fator é a apresentação de textos integrais, mesmo que sejam longos, ocupando duas ou três páginas. Além da presença de atividades que requerem reflexão, contribuem também para a formação literária a indicação de outras leituras e o estímulo à leitura da obra completa a que o texto pertence. Outro ponto positivo é a exploração das escolhas linguísticas. Essa exploração não se confunde com exercícios gramaticais. O que pretende é levar o aluno a perceber as particulares linguístico-textuais e discursivas do texto, a se tornar consciente dos efeitos de sentido gerados pelo uso de determinados recursos. Exploram-se, por exemplo, as imagens evocadas por algumas palavras, a relação simbólica, via metáfora ou comparação, o jogo de palavras, a sonoridade, a rima. Por fim, podem ser evidenciados como positivos dois aspectos: (a) a leitura dos textos ser precedida de análise e discussão do contexto histórico e social em foram produzidos; (b) as atividades ressaltarem o caráter lúdico de alguns textos, o prazer proporcionado pela leitura, possibilitando ao aluno estabelecer um pacto efetivamente literário com os textos dessa esfera. Exemplos de como essas atividades se concretizam nas coleções são comentados logo após o quadro que sintetiza os dois grupos de fatores observados no trato da literatura pelas coleções analisadas.

QUADRO 2: Síntese das características
das coleções no trato do texto literário

Fatores que contribuem para formação do leitor literário no LD	Fatores que contribuem pouco para formação do leitor literário no LD (ou não contribuem)
Boa seleção de textos e autores. Diversidade nos gêneros da literatura.	Número restrito de textos literários – apesar da diversidade de gêneros.
Exploração de textos integrais (longos).	Excesso de textos fragmentados.

No trabalho com textos literários, exploração das escolhas linguísticas, dos efeitos de sentido, do pacto ficcional. Exploração das imagens evocadas por algumas palavras, da relação simbólica, via metáfora ou comparação. No tratamento de poemas, exploração da sonoridade.	Exploração que privilegia sentidos literais, inclusive na abordagem de textos literários. Textos literários usados para exercícios gramaticais ou ortográficos. Exploração limitada a poucos recursos expressivos e estéticos usados, em geral, nos poemas.
Exploração da forma composicional dos textos (na narração: situação inicial, complicação, clímax, desfecho), combinada com a exploração do estilo e da função do gênero.	Tratamento dos gêneros como se fossem formas fixas, não levando os alunos a perceber o que há de recorrente neles, mas apenas informando "quais são as partes do gênero X".
Estímulo à leitura da obra literária completa.	
Análise e discussão do contexto de produção dos textos.	
Instauração do lúdico, do prazer.	

Fatores que contribuem para formação do leitor

Em geral, as coleções favorecem a leitura de contos, crônicas, poemas e fragmentos de romances, com textos representativos do que a cultura da escrita oferece e/ou exige do jovem do ensino fundamental. Entretanto, uma coletânea que apresente diversidade e qualidade dos gêneros literários tem maior possibilidade de contribuir para formação do leitor de literatura, principalmente quando provoca o desejo de ler a obra completa.

Na coleção 18, por exemplo, há uma seleção de textos literários de boa qualidade – fragmentos de romance, contos, crônicas, poemas –, entre os quais destacamos:

- *Um amigo para sempre*, de Marina Colassanti;
- *O olho torto de Alexandre*, de Graciliano Ramos;
- *O homem que enxergava a morte*, de Ricardo Azevedo;
- *O homem que resolveu contar apenas mentiras*, de Ignácio de Loyola Brandão;
- *O amor bate na aorta*, de Carlos Drummond de Andrade;
- *Ódio*, de Florbela Espanca;
- *Uma vida em segredo*, de Autran Dourado;
- *O preço*, de José de Alencar.

Muitos desses textos são integrais e explorados por meio de atividades diferenciadas, que instigam o aluno a lê-los até o final.

Além disso, prevendo que muitos alunos não têm fôlego para ler uma obra literária completa, a coleção destaca a importância do professor na construção do estudante como leitor de literatura. Esse é um ponto muito significativo no trato com o texto literário: a valorização do professor como agente mediador no processo de leitura do aluno. Para ajudar o professor nessa tarefa, a coleção apresenta sugestões de estratégias para a introdução da literatura na sala de aula associando-a à "descoberta de mundos diversos, de experiências únicas de vida que podem enriquecer as experiências pessoais do leitor" (C18, MP,[9] p. 21).

Essa coleção realça a importância do exercício estético, presente nas grandes obras da literatura e, destacando que alunos despreparados para fruição estética podem se desencantar com algumas obras, propõe que o professor seja para o aluno um "modelo de leitor de literatura".

Na coleção 19, é sistemático o incentivo a professores e alunos para que busquem textos e informações fora dos limites do próprio livro. Ao final de cada unidade, aparece a seção *Leia mais*, que traz comentários e dicas sobre livros, pequenas resenhas e sites correlacionados aos temas abordados.

---

[9] A sigla MP é usada como abreviatura de *manual do professor*.

A formação de leitores de literatura é favorecida nessa coleção também pela maneira como explora a singularidade dos textos dessa natureza, bem como as convenções e os modos de ler constitutivos do jogo literário. A literatura, em alguns dos volumes, ganha lugar de destaque em relação aos textos da vida cotidiana e àqueles da tradição oral. Além disso, destaca-se a valiosa contribuição do *Projeto de leitura*, que vem ao final de cada livro.

No volume da quinta série, a estratégia para aproximar o aluno das narrativas de ficção se faz por meio do livro *Operação Risoto*, de Eva Furnari, totalmente reproduzido no LDP. O aluno é convidado a enfrentar desafios, procurar pistas, resolver charadas e participar de jogos propostos por Furnari em sua história ilustrada. O texto verbal e o projeto gráfico (ilustrações, tipo e tamanho das letras, esquemas visuais, balões de fala, distribuição do texto na página), tudo tem a finalidade de provocar e desafiar o leitor.

Na livro da sexta série, o *Projeto de leitura* prioriza uma antologia de relatos e memórias, ficcionais ou não, em diferentes linguagens: prosa ou verso, desenho, fotografia, pintura, quadrinhos. Esses textos são apresentados ao aluno para que compare os diferentes relatos e observe como as escolhas dos recursos de linguagem contribuem para distinguir as produções. O aluno é convidado a perceber como cada autor marca no texto suas impressões. E são vários e expressivos os autores desse projeto: Cora Coralina, Cecília Meireles, Carlos Drummond de Andrade, Patativa do Assaré, Ziraldo, Graciliano Ramos, Manoel de Barros, para citar apenas alguns.

A mesma estratégia de recomendar um conjunto de atividades para nortear o professor no trabalho com o texto de literatura é usada pela coleção 141, que sugere ao docente como enfrentar o drama da dificuldade do aluno com a literatura. Essa coleção, no entanto, não apresenta diversidade de textos literários, embora traga um conjunto amplo de poemas. Nesse sentido, é possível afirmar que a abordagem do texto literário na coleção 141 colabora para a formação do leitor por respeitar o pacto ficcional ou poético, propondo questões de leitura e análise linguística e contemplando a singularidade dos gêneros literários, ainda que não haja presença significativa de textos dessa esfera, e alguns sejam tomados como pretexto em exercícios gramaticais.

Exemplos de atividades que evidenciam o respeito ao pacto ficcional são as propostas de leitura dos textos *Desobjeto* e *A complicada arte de ver e guardar*, que levam os alunos a reconhecer a necessidade de uma leitura diferenciada para compreender a poesia. O respeito ao pacto ficcional e à singularidade também está presente nas atividades sobre mitos, pois o próprio LDP apresenta um boxe que explica o porquê do surgimento dessas narrativas e propõe atividades que destacam a ficcionalidade, quando solicitam a indicação de seres sobrenaturais e fatos extraordinários e do ensinamento transmitido à humanidade.

A coleção 94, embora deixe a desejar quanto à abordagem do texto literário em alguns aspectos, apresenta dois recursos que contribuem para resgatar o contexto de produção do texto explorado, o que pode ser muito positivo na formação do leitor. Um deles é a presença recorrente de quadros com informações sobre o autor e sua obra; o outro é a seção *Panorama Cultural*, que traz informações sobre o tema, o gênero ou o autor em questão no capítulo. No volume 8, por exemplo, essa seção, no capítulo 2, a propósito de um conto de Machado de Assis, traz ilustrações sobre contistas brasileiros modernos e contemporâneos; faz um paralelo entre a personagem do conto "*A cartomante*" com a bruxa retratada em Macbeth, de Shakespeare, e dá indicação de leitura (*Memórias Póstumas de Brás Cubas*), de Machado de Assis. Essa seção pode contribuir para incentivar professores e alunos a buscar a obra completa.

A coleção 137, embora faça uma abordagem irregular do texto de literatura ao longo de seus quatro volumes e apresente uma porcentagem menor de textos dessa esfera do que de textos não literários, respeita as convenções e modos de ler constitutivos do jogo literário. Isso pode ser comprovado, por exemplo, no incentivo a uma leitura de fruição dos textos, em vez de apenas tomá-los como pretexto para exploração gramatical. Por levar em conta a organização particular dos poemas e sua relevância para a apreensão dos sentidos possíveis, há atividades que buscam explorar a importância da forma, dos versos, da rima, em textos desse gênero.

Considerações finais: implicações para o ensino

Uma das novidades que vem se concretizando nos livros didáticos é um certo distanciamento das coleções de língua portuguesa dos modelos de organização por conteúdo gramatical e por temas, que tradicionalmente marcaram a estruturação do LDP. O fato de um quarto das coleções aprovadas (6 coleções, em 24) considerar os gêneros em sua organização demonstra que esse objeto de ensino efetivamente ganhou espaço. Diversos gêneros entram no livro didático, principalmente nas atividades de compreensão e de produção de textos, e constituem oportunidade para o aluno, pelo menos, entrar em contato com textos de circulação social.

Outro movimento em direção a uma mudança promissora vem se destacando em relação ao texto literário. Embora não haja ainda um trabalho sistematicamente voltado para exploração dos gêneros da literatura que possibilite ao aluno uma experiência singular de leitura, alguns textos como o conto, a crônica, o poema e fragmentos de romances tomam lugar nas atividades, que timidamente começam a contribuir para levar o aluno à fruição estética e à apreciação da produção literária.

Essa nova configuração dos livros didáticos de língua portuguesa pode provocar uma maior eficiência das aulas de leitura na formação de leitores, principalmente se o professor agir como mediador entre o aluno e o texto literário. Se o professor for leitor de literatura e se souber dar vida à proposta didática da coleção adotada, o trabalho com a literatura poderá ter êxito.

A exploração do texto literário no livro didático pode contribuir para despertar nos alunos o gosto pela leitura, o desejo de ler a obra inteira da qual foi extraído o fragmento que ele conheceu no LD. Por isso, é importante que esse recurso seja explorado com cuidado e entusiasmo, para que esse contato possa se firmar numa relação prazerosa, profícua e duradoura.

Capítulo 8
O LIVRO DIDÁTICO COMO AGENTE DE LETRAMENTO DIGITAL

Carla Viana Coscarelli
Else Martins dos Santos

Poesia é vaso de rosa
na janela dos fundos:
tanto faz.
Mas com ela
mais bela a janela.

Ana Elisa Ribeiro, 2002

Mergulhados no informar

Podemos viver sem os livros. Podemos viver sem o jornal. Podemos viver sem o rádio, sem a televisão, sem o cinema, sem o computador. Mas a falta dos livros nos exclui de um universo de prazer e de descobertas. Como defende Guzmán (2007),

> ...leer novelas es un proceso progresivo de creación de problemas que al terminar el libro pueden encontrar una solución iluminadora y hasta deslumbrante, pero no necesitan encontrarla. Aún sin eso, el lector descubre que recorriendo las páginas ha llegado a algunas comprensiones que antes nunca tuvo, comprensiones a veces de sí mismo, a veces del propio mundo, a veces de ambos, y que también, tal como las otras actividades de lectura, ésta no lo ha dejado igual, aunque casi nunca habrá alguien tan consciente de sí mismo que pueda decirse con claridad en qué ha consistido el cambio (GUZMÁN, 2007, p. 47).

Da mesma forma, a vida sem o rádio, sem o jornal, sem a televisão, sem o cinema, entre outros meios de comunicação, nos exclui de um mundo de informações, separando-nos do contato com outras pessoas, outros lugares, outras culturas, em suma, impedindo-nos o acesso à informação, à cultura, a outras formas de pensar.

Esse acesso à informação deveria ser um direito das pessoas. Além desse direito, a elas deveria ser possibilitado o acesso fácil a esses dados, sob pena de que elas, sem eles, sejam excluídas de parte das atividades da sociedade.

Podemos viver sem o computador, mas sem ele somos excluídos de uma sociedade digital que se constitui e se consolida a cada dia, passando a ser, em muitos casos, uma necessidade e não um luxo.

Uma criança que tem acesso à internet, que se comunica com os amigos pela web, que navega, que lê, que escuta música, que assiste a vídeos, que busca informação, certamente será uma pessoa diferente daquela que não pode fazer nada disso. Usada com equilíbrio e com bom senso, a informática é mais uma fonte de conhecimento e de desenvolvimento cognitivo. Quem não tem isso está em desvantagem ou, no mínimo, está em um regime de possibilidades mais limitadas. Ler e escrever no computador, por exemplo, possivelmente gera no usuário uma forma diferente de conceber a escrita, tanto no que se refere aos mecanismos de escrita (poder facilmente deletar, trocar partes do texto de lugar, controlar o tamanho, a cor e o *design* da fonte, formatar o texto, entre inúmeras outras possibilidades) e de leitura (navegação no texto para sua leitura) quanto no que diz respeito às funções da escrita, que parecem mais vivas, mais reais, mais dinâmicas no computador (isso pode mudar logo com a sofisticação da tecnologia das *webcams*, mas, atualmente, interagimos muito por escrito com *e-mails*, MSNs, entre outros recursos da mídia digital). As funções da escrita e a necessidade dela podem ficar mais claras para quem lida com o computador, uma vez que esse equipamento exige, em muitas ocasiões, a leitura e/ou a escrita. O uso do computador pode mudar nosso jeito de pensar, assim como o fizeram o livro de bolso, as calculadoras, o lápis, a imprensa, entre outras tecnologias da escrita.

Isso não significa dizer que a informática representa uma revolução total em relação à leitura e à escrita. Muita coisa muda com a informática, muita informação está disponível na internet, novos gêneros textuais são criados, novas formas de ler e de escrever são desenvolvidas. No entanto, independentemente do suporte (ou portador) do texto, de o texto estar impresso ou projetado numa tela, há habilidades de leitura que são essenciais para a compreensão. Essas habilidades podem variar de acordo com os diferentes gêneros textuais, mas não há habilidades de leitura que sejam específicas do ambiente impresso ou do ambiente digital. Há, sim, diferenças na navegação nos textos, em como e onde o leitor vai encontrar as informações que procura (pensemos em bibliotecas ou índices, em contraposição aos mecanismos de busca na internet). Entretanto, uma vez encontradas as informações procuradas, entendemos que a compreensão não depende tanto de o texto ser impresso ou digital, mas das habilidades de leitura que o leitor já desenvolveu. Acreditamos que quem tem habilidades leitoras bem desenvolvidas, ou seja, quem é bom leitor, transfere essas habilidades para novos ambientes (RIBEIRO, 2003), tornando-se bom leitor também em novos gêneros, novos suportes, assim que se familiariza com os modos de navegação dos novos ambientes.

Sabemos que essa não é uma questão pacífica. Há discussões sobre a influência do formato hipertextual na leitura e na produção de texto. Não nos cabe aqui desenvolver esse tema, mas podemos indicar estudos em que ele é focalizado: Rouet (1996), Landow (1992), Lévy (1990), Coscarelli (2002), Ribeiro (2003), entre outros estudiosos.

Por outro lado, também não se deve pensar que o computador é um vilão que interfere negativamente na escrita, dificulta a leitura, deixa os usuários perdidos e mal informados. Pesquisas como a de Santos (2003) mostram que os estudantes, quando bem orientados, são capazes de explorar bem a variedade linguística que a situação demanda.

A informática e, sobretudo, a internet, criaram – e ainda estão criando – novos gêneros textuais (*e-mail, chat, sites, banners, testimonials, e-card, floaters, scraps* etc.), novas formas de escrita (web jornalismo), e estão adaptando ou recriando gêneros já conhecidos (como o diário, que se transforma em *blog* e passa ser público, sem necessariamente perder seu tom intimista).

Independentemente do julgamento que se faz do universo digital, é inevitável que ele seja objeto de uso e de reflexão na escola, uma vez que faz parte da vida contemporânea. Àqueles que ainda não têm acesso a ele, deve ser dada a oportunidade de conhecê-lo e de se familiarizar com esse ambiente, a fim de que não se torne ainda maior a exclusão social e que não aumente o número de analfabetos funcionais ou digitalmente iletrados (PEREIRA, 2005). Os ambientes digitais não são mais "vaso de rosa na janela dos fundos".

Sendo assim, é importante que livros didáticos (LD) ajudem o professor a fazer uso desse material. O LD pode ter um papel muito importante neste momento em que o computador e suas redes estão entrando na vida das pessoas. O LD pode encorajar os professores a querer conhecer melhor[1] esse novo universo, bem como mostrar a eles como esse universo pode fazer parte de suas aulas.

Acreditando no importante papel do LD neste momento de incorporação das novas tecnologias pelos ambientes escolares, muitos autores de manuais didáticos já lançam mão de informações da internet em suas coleções e formulam atividades que propõem aos alunos compreender recursos digitais ou lidar com

---

[1] É interessante notar que não é raro os alunos dominarem mais os ambientes digitais que os professores. Se a escola permitir, esse pode ser um momento muito rico para a educação, em que poderá haver uma verdadeira troca de conhecimentos entre professores e alunos. Isso desestabilizaria (no bom sentido) a relação historicamente construída de que quem ensina é só e unicamente o professor, cabendo aos alunos aprender. Agora quem ensina vai assumir que se aprende sempre, e quem sempre aprendeu vai notar que já ensinou e ainda pode ensinar muito.

gêneros textuais usados na mídia eletrônica. Na próxima seção, vamos mostrar que elementos estão sendo incorporados ao LD e que trabalho tem sido feito com eles.

O PNLD estimula mudanças

Segundo Batista (2003), o livro didático é uma das principais fontes de consulta dos professores no Brasil:

> O livro didático brasileiro se converteu numa das poucas formas de documentação e consulta empregadas por professores e alunos. Tornou-se, sobretudo, um dos principais fatores que influenciam o trabalho pedagógico, determinando sua finalidade, definindo o currículo, cristalizando abordagens metodológicas e quadros conceituais, organizando, enfim, o cotidiano da sala de aula (BATISTA, 2003, p. 28).

Percebemos atualmente que o livro didático adotado pela escola atua na sala de aula como apoio **direto** para o professor. Outros LD, não adotados e oferecidos pelas editoras às escolas para análise, ou adotados nos anos anteriores e não mais em uso, funcionam como apoio **paralelo** ou **indireto**, fornecendo textos, modelos de exercícios, atividades a ser reproduzidas e questões a ser utilizadas na confecção de provas.

Se essa é a realidade brasileira, faz-se necessário que os manuais didáticos sejam de boa qualidade.

Desde a década de 1960 até os anos 1990, estudos acadêmicos que repercutiam na imprensa denunciavam a precariedade dos livros utilizados em sala de aula, apontando problemas conceituais e metodológicos, além de alta carga discriminatória (BATISTA, 2003). Para coibir essas questões e melhorar a qualidade dos LD, foi implantada pelo MEC, em 1996, a avaliação pedagógica dos livros a ser comprados pelo Ministério e distribuídos gratuitamente aos alunos e professores das escolas públicas de todo o País.

Passados 13 anos da implantação do programa, não há como negar as mudanças que o PNLD imprimiu à fisionomia do livro didático brasileiro. Em função do escopo deste artigo, procuraremos apresentar alguns critérios que julgamos especialmente importantes para a proposição e incorporação de novas tecnologias, visando ao ensino da língua em ambientes escolares.

Primeiramente, quanto à **coletânea de textos** oferecidos para leitura, postula-se que ela deve:

1. ser multimodal;
2. apresentar gêneros textuais associados a esferas de uso socialmente relevantes, como a jornalística, a científica, a literária etc., do ponto de vista da formação e dos interesses dos jovens do ensino fundamental.

Já quanto às atividades de **leitura**, dentre outros critérios, propõe-se que elas devem:

1. propiciar o desenvolvimento da proficiência leitora;
2. colaborar para a formação do leitor em diversos tipos de letramento (literário, midiático, digital, jurídico etc.);
3. demandar apreciações e valorações estéticas, éticas, políticas e ideológicas envolvidas na formação do leitor crítico;
4. explorar a intertextualidade e/ou a interdiscursividade entre diferentes textos e linguagens;
5. explorar a compreensão das relações que se estabelecem entre texto verbal e imagem em textos multissemióticos;
6. incentivar professores e alunos a buscar textos e informações fora dos limites do próprio livro.

Quanto à **produção de textos escritos**, postula-se que as atividades devem:

1. explorar a produção dos mais diversos gêneros e tipos de texto, contemplando suas especificidades;
2. apresentar, discutir e orientar o uso dos aspectos relativos à variedade linguística pertinente;
3. propor referências e/ou exemplos dos gêneros e tipos de texto que se pretende ensinar o aluno a produzir.

E, finalmente, quanto ao **projeto editorial**, os critérios estabelecem que os livros devem:

1. ter um sumário funcional, que facilite a localização das informações;
2. ter uma estrutura hierarquizada (títulos, subtítulos etc.), evidenciada por meio de recursos gráficos;
3. ter recursos de descanso visual na diagramação dos textos mais longos, de forma a não desencorajar a leitura;
4. recorrer a diferentes linguagens visuais.

Não há, entre os critérios elencados, nada que **demande explicitamente** a entrada das novas tecnologias nos LD, mas há elementos que estão relacionados a elas, como os itens relativos ao caráter multimodal da seleção textual, à colaboração para o letramento midiático e digital, à exploração das relações entre texto verbal e imagem em textos multissemióticos e ao incentivo da busca de informações fora dos limites do próprio livro. Esses quesitos podem ter estimulado o aparecimento de elementos das novas tecnologias nos LD. Outras razões para essa incorporação podem ser acrescentadas: (a) a necessidade de oferecer textos de diferentes mídias para atividades variadas de leitura e de produção de textos; (b) o empenho em trazer para o LD gêneros textuais da esfera digital; (c) a disposição de atuar no processo de letramento digital dos alunos; (d) o interesse em oferecer apoio pedagógico online aos professores, bem como endereços da WWW que possam ampliar a visão de um assunto qualquer em estudo, atraindo o docente para a adoção do livro; (e) a busca de um livro com aparência arrojada e inovadora, que pareça agradável aos jovens sendo funcional, bonito, "descolado" e moderno.

Diante dos critérios estabelecidos, autores e editores, procurando atender às exigências do PNLD, começaram a dar um ar de modernidade às suas produções. O primeiro passo foi a mudança de formatação das páginas, ou seja, alguns livros passaram a ter aparência de página de internet. Ficaram cheios de quadros, linhas, informações paralelas em boxes, textos mais curtos a título de explicações, palavras em negrito, itálico, com fontes diferenciadas – funcionando como *links* – e muito uso de sinais típicos da rede, como @, e-, www, entre outros.

Entretanto, rapidamente os atores desse processo constataram que ser arrojado não passava simplesmente pela mudança da forma, do "visual" do livro. O passo seguinte, então, foi a inserção, nos LD, de textos dos mais variados gêneros cuja fonte é a internet. Veem-se nos livros muitos textos retirados de sites da internet, tratando de temas diversos. Assim, alguns autores mostraram ter a rede como fonte de consulta e de busca de textos. Um terceiro passo foi a inserção de análise de gêneros típicos do ambiente digital. Pode-se dizer que alguns autores iniciaram um processo de incorporação em suas obras de estudos acerca de alguns **gêneros digitais**, tais como *e-mail*, *chats* (MSN), *posts*, *pop-up*, *e-card*. Esses trabalhos, entretanto, estão ainda muito voltados para a identificação de recursos formais dos gêneros. Pouco ou nada dizem sobre sua função social, objetivos, público-alvo, usos e linguagem.

Assim, tratando de *e-mail*, por exemplo, há atividades em que se analisam elementos do suporte, explorando recursos disponíveis na tela dos gerenciadores de mensagens eletrônicas. Trabalha-se o que significa "cópia" ou "cópia oculta" no cabeçalho do formulário de escrita e envio de *e-mail*, para que serve o *link* "anexar arquivo", como se usa o corretor ortográfico, como se faz para postar uma mensagem urgente etc. Focalizados esses tópicos externos ao texto propriamente dito, vêm propostas de produção de um *e-mail* – ora usando o computador, ora em folhas soltas – e para-se por aí.

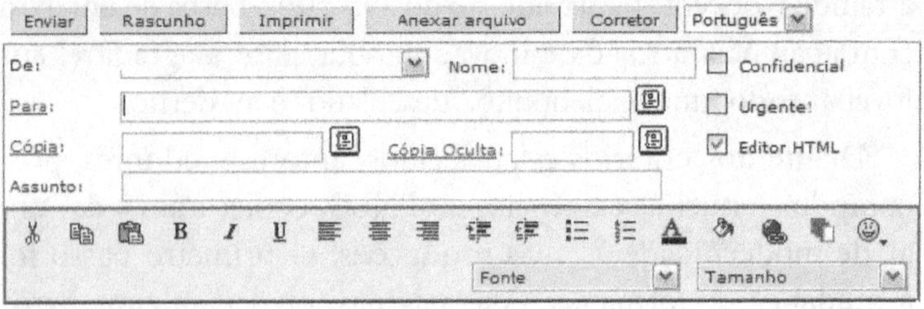

FIGURA 1

Fonte: <http://www.email.terra.com.br> Acesso em set. 2008.

O que falta a propostas como essas? Entre outras questões, falta considerar o gênero em seu uso, criar situações reais de troca de *e-mails*, conversar sobre a questão da adequação do registro a ser usado em função do objetivo do texto e de quem vai lê-lo. Além disso, falta focalizar a composição (a estrutura) e a escolha lexical que esse gênero envolve, bem como associar a isso um efetivo trabalho com a linguagem, que possa realmente contribuir para o letramento digital dos estudantes.

Outro fator que indica a presença da internet nos LD é a sugestão de **endereços de sites educacionais** que, como apoio pedagógico, possam ser úteis aos professores. Essas referências ao ambiente digital no livro didático, ainda que tímidas, vêm influenciando autores que não haviam percebido como o LD pode ser a porta de entrada no processo de letramento digital e alertando o professor quanto à necessidade de investir na sua apropriação de conhecimentos nessa área, para se tornar usuário dessa tecnologia e melhor orientar seus alunos. Como? Quando o livro trabalha adequadamente os diversos gêneros digitais, o professor vai também aprendendo e tendo novas ideias que, aos poucos, vai colocando em prática.

Elementos incorporados aos LD

Passamos agora a analisar mais alguns exemplos da presença das novas tecnologias nos livros didáticos inscritos no PNLD 2007.

1. *Uso de* links

É comum, nos livros didáticos, como também tem acontecido em textos de revistas e jornais, o uso de *links*, ou seja, de ligações que se estabelecem visualmente entre o texto principal e textos normalmente apresentados em boxes. No exemplo a seguir, informações breves sobre Aníbal Machado e sobre a Cinelândia são dadas como se fossem aqueles *links* azuis tão utilizados na internet, ou como as caixas de informação, que aparecem quando passamos o *mouse* sobre alguns ícones na tela. Essa é uma forma de trazer para o impresso alguns elementos da tecnologia da escrita digital.

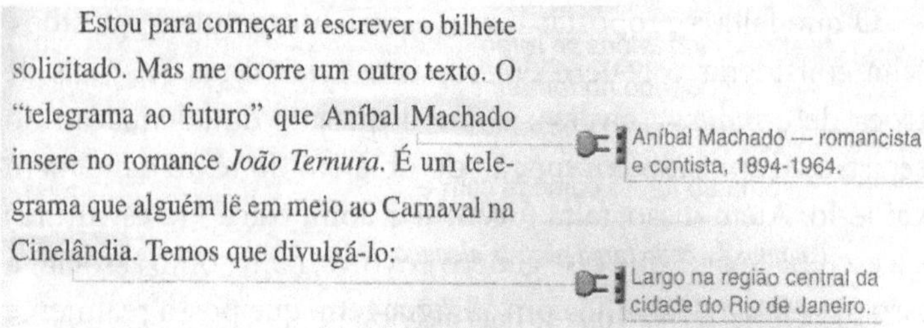

> Estou para começar a escrever o bilhete solicitado. Mas me ocorre um outro texto. O "telegrama ao futuro" que Aníbal Machado insere no romance *João Ternura*. É um telegrama que alguém lê em meio ao Carnaval na Cinelândia. Temos que divulgá-lo:

▣ Aníbal Machado — romancista e contista, 1894-1964.

▣ Largo na região central da cidade do Rio de Janeiro.

FIGURA 2
FONTE: SOARES, Magda. *Português, uma proposta para o letramento*. 8ª série São Paulo: Moderna, 2002, p. 81.

2. Configuração dos textos adequando-os ao formato de páginas da internet

É comum encontrarmos *layouts* de páginas de LD que se assemelham a páginas da internet ou que se utilizam de algumas estratégias usadas nos ambientes digitais. Embora muitas vezes seja difícil saber exatamente quem influencia quem – se é o impresso que influencia o digital ou se é o digital que exerce influência sobre o impresso, percebe-se a presença de páginas buscam assemelhar-se ao *design* de páginas da web, trazendo faixas coloridas com textos na lateral da página e muitos quadros, como se fossem *links*. Sua função, reforce-se, é trazer paratextos que melhor contextualizem a leitura.

3. Indicação de sites para aprofundamento de temas em discussão

Muitos sites têm sido indicados nos LD como sugestões para professores e alunos encontrarem mais informações sobre os temas em estudo em determinada parte do material didático. Embora raramente o LD ofereça sugestões aos professores sobre como explorar os sites indicados, o trabalho de selecionar sites interessantes e relacionados com as questões que estão sendo trabalhadas pode ser de muita valia para os docentes que ainda não sabem onde encontrar determinadas informações na internet ou para aqueles que não dispõem de muito tempo para fazer isso. Um exemplo dessas indicações pode ser visto a seguir.

> **Para saber mais**
>
> SE LIGUE NA INTERNET
>
> ☞ www.escolanet.com.br
>
> Além do acesso a várias escolas de todo o país (são mais de 170 só em São Paulo), o site dispõe de 18 matérias escolares para quem quiser estudar.
>
> ☞ www.futuro.usp.br
>
> A Escola do Futuro é vinculada à Universidade de São Paulo (USP).

FIGURA 3

Fonte: SILVA, Antônio de Siqueira, BERTOLIM, Rafael. *Língua portuguesa: linguagem e vivência.* 8ª série. São Paulo: IBEP, 2004. p. 58.

4. Propostas de desenvolvimento de projetos utilizando programas de computador variados

Alguns livros propõem projetos utilizando diferentes programas, como *Excel*, *Word*, *Animator*, programas de animação, *Power-point* etc. Entretanto, não há indicação de como usar esses programas. São apenas citados como se fossem de uso rotineiro para incrementar uma aula, tornando-a um pouco mais interessante, sem considerar que muitos profissionais ainda não sabem lidar com eles nem sabem como acessá-los gratuitamente na rede.

5. Atividades de reconhecimento das ferramentas de navegação na internet

É importante que os alunos se familiarizem com o vocabulário do universo digital, bem como com as ferramentas usadas nele. Alguns LD trazem essa preocupação e procuram apresentar vocábulos, *emoticons* e termos que se referem à navegação. O exemplo a seguir, encontrado em um LD de primeira série do ensino fundamental, mostra a preocupação do material em discutir com as crianças a diferença entre *site* e endereço eletrônico e como essa diferença é marcada linguisticamente.

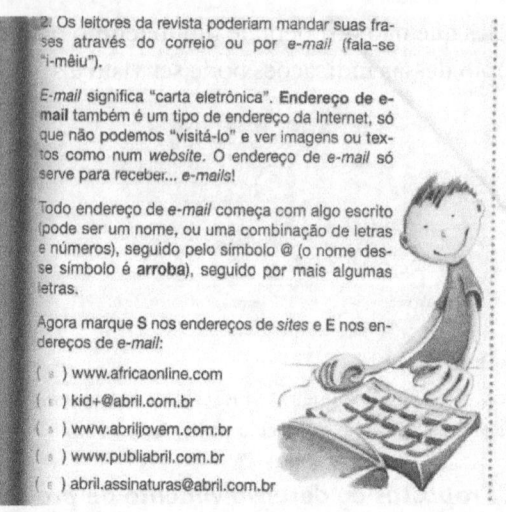

> 2. Os leitores da revista poderiam mandar suas frases através do correio ou por e-mail (fala-se "i-mêiu").
>
> E-mail significa "carta eletrônica". Endereço de e-mail também é um tipo de endereço da Internet, só que não podemos "visitá-lo" e ver imagens ou textos como num website. O endereço de e-mail só serve para receber... e-mails!
>
> Todo endereço de e-mail começa com algo escrito (pode ser um nome, ou uma combinação de letras e números), seguido pelo símbolo @ (o nome desse símbolo é **arroba**), seguido por mais algumas letras.
>
> Agora marque S nos endereços de sites e E nos endereços de e-mail:
>
> ( ) www.africaonline.com
> ( ) kid+@abril.com.br
> ( ) www.abriljovem.com.br
> ( ) www.publiabril.com.br
> ( ) abril.assinaturas@abril.com.br

FIGURA 4

Fonte: ESPECHIT, Rita; FERNANDES, Márcia; GUALBERTO, Ilza. *Na ponta do lápis e da língua*. 1ª série. 2. ed. São Paulo: Quinteto, 2003. p. 175.

O exemplo a seguir explora alguns dos mecanismos de navegação trazendo uma legenda que explica a função de ícones que constam na barra de navegação do Internet Explorer da Microsoft.

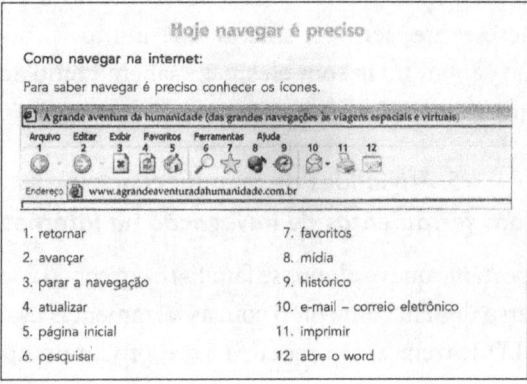

FIGURA 5

Fonte: SILVA, Antônio de Siqueira; BERTOLIM, Rafael. *Língua Portuguesa: linguagem e vivência*. 8ª série. São Paulo: IBEP, 2004, p. 50.[2]

---

[2] Livro não inscrito no PNLD 2007.

Há também livros que criam um glossário com alguns termos que circulam na rede. Entretanto, nenhuma proposta é feita a partir da apresentação desses itens. Eles surgem no LD motivados por um estudo de texto; não passam, portanto de pretexto para estudo de verbetes. Muitas atividades poderiam ser propostas a partir de um glossário, tais como: solicitar aos alunos que busquem novos termos advindos da tecnologia – já corriqueiros na vida de todos – e seus sentidos; que busquem novos *emoticons* – próprios de *chats* – e os usem em uma "batalha" de bilhetes (troca rápida de bilhetes em sala de aula), verificando as situações de uso (gênero textual, objetivo do texto, registro a ser usado considerando a intimidade com o leitor etc.). Pode-se também elaborar uma aula *on-line*, usando o *chat*, ou promover uma busca de *sites* interessantes sobre um determinado assunto, ou propor-se uma pesquisa sobre programas livres que trabalhem imagens e elaborar um projeto de história em quadrinhos, considerando as características do gênero.

A presença de vocábulos ou ícones do mundo digital nos LD revela uma preocupação dos manuais com a inserção do aluno nesse universo que nem sempre lhe é tão familiar.

A internet aparece em alguns LD como **tópico** a ser discutido e melhor compreendido pelos alunos. Aspectos como seu surgimento, seu crescimento, seu número de usuários em diferentes países, além de novos recursos e novos equipamentos, são temas de textos usados em alguns materiais didáticos.

6. Ilustrações explorando simbologia da internet, para dar ao LD um ar de modernidade, para propor debates

Há livros que trazem, ilustrando páginas inteiras, símbolos que circulam fartamente no ambiente digital como o sinal de arroba - @ - e o formulário de e-mail. No volume 8 do livro *Linguagem nova*, de Faraco e Moura (1994), por exemplo, observa-se, na página 249, uma imagem desse tipo usada como recurso para estimular uma discussão sobre a internet.

Nesse caso, a proposta não é desenvolver atividades que colaborem para o letramento digital, explorando o e-mail ou o sentido do sinal de arroba, posto em todo endereçamento eletrônico, como separador entre a identificação do usuário e a designação da rede a que pertence sua conta. A figura funciona apenas como ilustração que ajuda no descanso visual de uma página que tem, como já dito, o objetivo de encaminhar um debate sobre a internet. O comando dado é o seguinte: "Leia as várias opiniões sobre a internet. Algumas são favoráveis e outras desfavoráveis. Leia com atenção, reflita e chegue às suas próprias conclusões." Após esse comando, são oferecidos quatro pequenos textos sobre a internet. Dois discorrem sobre a chegada da tecnologia na vida de todos nós e a inevitabilidade de nos adequarmos às novas situações que essa tecnologia gerará no comportamento social. Os outros textos abordam a questão da solidão que a máquina nos impõe, o estímulo ao comportamento individualista e egoísta, bem como o embotamento da criatividade e da inteligência.

O gênero debate regrado não é trabalhado, não há nenhuma indicação de como elaborar a atividade, mas já se propõe uma reflexão crítica sobre a chegada da tecnologia em nossas vidas. Um professor bem preparado pode desenvolver ótimas reflexões éticas sobre a responsabilidade no uso da internet, que não é mais terra de ninguém. Com isso pode-se trazer para o debate o uso do Orkut e do MSN, sem moralismos, sem tecnofilias ou tecnofobias, mas procurando aprofundar uma discussão sobre os novos gêneros e portadores de texto que surgem nesses programas (como os *scraps* ou os *testimonials*) e seu uso social.

Análise e produção de gêneros digitais

Alguns gêneros textuais que surgiram com as tecnologias digitais já fazem parte de alguns LD e são lidos, discutidos e às vezes produzidos pelos alunos. Dentre eles podemos citar como mais frequentes o *e-mail* e os *blogs*.

```
                    nome@provedor.com.br
         ↙          ↙         ↓        ↘          ↘
                           empresa que
   usuário      arroba     possibilita o    .comercial    .Brasil
                             acesso
```

FIGURA 6

Fonte: FERREIRA, Givan et al. *Trabalhando com a linguagem*. 5ª série (6º ano). São Paulo: Quinteto, 2004, p. 97.

Já há LD que fazem comparação entre gêneros digitais e gêneros impressos, demonstrando como diferentes portadores podem gerar diferentes gêneros textuais, num claro processo híbrido, em que se verifica que um gênero não surge do nada, mas é fruto de transformações de outros, em função das necessidades sociais. Essa comparação, que pode se estender a vários portadores – por exemplo, o jornal *on-line* e o jornal impresso e até mesmo o jornal falado; um diário e um *blog*; uma carta ou bilhete e um *e-mail* – colabora para que os alunos entendam a "hereditariedade" dos gêneros digitais. Na verdade, em se falando de gêneros, pouco se cria e muito se transforma e, dessa transformação, novos gêneros vão surgindo. A exploração contrastiva de textos impressos e eletrônicos leva o estudante a perceber semelhanças e diferenças entre eles, familiarizando-se com os diferentes suportes, bem como a perceber como o mesmo gênero sofre modificações para se adaptar às exigências do meio pelo qual ele é veiculado, colocando em prática a afirmação de Mc Luhan, já em 1977, de que "o meio é a mensagem".

Apresentação de textos que trazem como temática a internet

Um texto muito encontrado em LD, quando da produção deste artigo, foi a canção Pela internet, de Gilberto Gil.

    PELA INTERNET (Gilberto Gil, 1996)
    Criar meu web site
    Fazer minha home-page

Com quantos gigabytes
Se faz uma jangada
Um barco que veleje

Que veleje nesse infomar
Que aproveite a vazante da infomaré
Que leve um oriki do meu velho orixá
Ao porto de um disquete de um micro em Taipé

Um barco que veleje nesse infomar
Que aproveite a vazante da infomaré
Que leve meu e-mail até Calcutá
Depois de um hot-link
Num site de Helsinque
Para abastecer

Eu quero entrar na rede
Promover um debate
Juntar via Internet
Um grupo de tietes de Connecticut
(...)

Fonte: <http://www.gilbertogil.com.br/sec_discografia_view.phd?id=34>. Acesso em set. 2008.

Geralmente, após a canção ou junto a ela, é oferecido um glossário explicando o sentido de *home page*, *gigabyte*, *byte*, *hot-link*, *Mac*, navegação. Atividades dessa natureza ajudam os estudantes a conhecer esses termos que fazem parte do universo digital, contribuindo, dessa forma, para letrar digitalmente o educando. É preciso, no entanto, que esses conceitos sejam realmente experimentados, vivenciados pelos usuários. Os estudantes precisam velejar nesse "infomar", aproveitar a "infomaré" e criar *sites*, enviar e receber *e-mails*, saber sobre vírus – o que são, como evitá-los e como se livrar deles – bem como se familiarizar com esse mar de informações e participar dele, uma vez que "a máquina somos nós".³ Embora sejam poucos, há LD apresentando atividades que envolvem os alunos nesse "infomar", demandando a busca de informações, encaminhando reflexões sobre linguagem usada na internet, discutindo sobre o crescimento da rede e seu desenvolvimento tecnológico, assim como propondo a criação de *sites* individuais ou coletivos.

Novas janelas...

Se algumas das inovações são superficiais e envolvem apenas o aspecto físico do livro, funcionando como elemento produtor de prazer estético, outras são mais profundas. A nosso ver, deveria haver mais atividades, não apenas *sobre* a Internet, mas também demandando o uso dessa ferramenta tão poderosa.

Pensemos, por exemplo, em propostas de estudo dos novos gêneros e/ou ambientes digitais, tais como *e-mail, chat, blog, e-zine*, lista de discussão, *site, youtube* (hoje se faz até cinema com telefone celular⁴). É muito importante que eles sejam incorporados pelo LD, que, assim, estará ajudando a escola a cumprir, de forma menos lacunar, seu papel de agência de letramento.

A presença de elementos do mundo digital nos LD revela uma preocupação deles com a inserção do aluno nesse universo. Todas as propostas que discutimos aqui são formas de explorar a nova tecnologia, contribuindo para o letramento dos alunos. A presença desses elementos, no LD, no entanto, não significa que o letramento digital tem sido bem abordado nas atividades e seja um objetivo traçado pelos materiais didáticos. Em muitos deles a abordagem é ainda esporádica e superficial, embora já

---

³ Referência ao vídeo "A máquina somos nós", <http://br.youtube.com/watch?v=NJsacDCsiPg>.

⁴ Imagens gravadas em celulares viraram mania mundial no *site* do *Youtube* e agora estão sendo transmitidas pela televisão – como acontece no programa "O gordo viaja" (MTV), que é todo feito com imagens captadas por celular – e podem virar cinema – como o curta-metragem feito por Marcelo Yuka, "O filme do filme roubado do roubo da loja de filme", todo feito em celular.

demonstre um despertar para a questão e possa ser considerada um começo de ação que vai fazer história.

Mesmo em escolas onde não haja laboratórios de informática com computadores conectados à internet, é preciso que se inicie um processo de letramento digital, e o LD pode contribuir para isso. Saber que há uma "*coisa*" chamada *e-mail*, que se parece com uma carta, mas que não é carta, que tem formulário próprio com alguns dados muito parecidos com os da carta, que e é transmitido *on-line*, que as pessoas recebem assim que se conectam a uma máquina, em um lugar qualquer, que pode vir com anexos; saber que há a possibilidade de se bater um bom papo na internet, oralmente ou por escrito, sem ter de se preocupar muito com as normas gramaticais, porque esse gênero tem regras próprias de uso da língua; saber como navegar, que ícones clicar para se alcançar um determinado objetivo, reconhecer um *emoticon* e sua carga semântica na produção do sentido; aprender a navegar em busca de uma informação, encaminhar um professor a desenvolver pesquisas *online* com seus alunos, orientando-o quanto ao processo de desenvolvimento da atividade; refletir sobre vídeos e sobre possibilidade de criar e disponibilizar seus próprios vídeos na rede; ensinar ao aluno as marcas textuais importantes para a leitura e produção de diferentes gêneros digitais, são papéis que a escola pode cumprir, recebendo para isso o apoio do LD.

Retomando nossa epígrafe, olha a janela ficando mais bela! O trabalho com o universo digital deve quebrar medos e resistências e despertar curiosidades, abrindo novas janelas. E isso vai fazer toda a diferença.

Glossário

Consciência fonológica – Capacidade do alfabetizando de refletir sobre as unidades sonoras das palavras: sílabas, rimas, fonemas (ver MORAIS, 2006).

Construções de deslocamento à esquerda – Construções sintáticas geradas através de uma regra de deslocamento de um termo da frase para o seu início, à esquerda, na escrita (ou seja, para a posição de *tópico*). Nesse tipo de construção, há a presença, no restante da frase, de um pronome-cópia, como em *A Maria, parece que ela ficou aborrecida*, em que "A Maria" é o termo deslocado à esquerda, chamado de tópico, que é retomado pelo pronome "ela".

Domínio discursivo – Na concepção de Bakhtin, "esfera" ou campo social constituído de determinado grupo de pessoas que têm valores e práticas em comum, onde circulam determinados gêneros de texto. Assim, o jornalismo é um domínio discursivo em que circulam gêneros como a notícia, a reportagem, a entrevista. A literatura é outro domínio discursivo, bastante produtivo na história das sociedades humanas, no qual circulam poemas, romances, contos, novelas etc. Outros exemplos de domínios discursivos: o acadêmico-científico, o religioso, o publicitário, o comercial, o filosófico.

Fone – Termo que se refere aos sons que produzimos ao falar. Som da fala (cf. OLIVEIRA, 2005).

Fonema – Termo que se refere aos sons de natureza abstrata que constituem o sistema fonológico de uma língua (ver verbete neste glossário). Alguns linguistas definem o fonema como uma "imagem acústica" que os falantes têm dos sons da fala. Os *fones* são concretos, são os sons que produzimos ao falar; os *fonemas* são a imagem mental que temos dos sons que falamos (cf. OLIVEIRA, 2005). Por exemplo, na palavra *banana* pronunciamos três vogais com sons (fones) diferentes, mas imaginamos que estamos produzindo o mesmo som – esse som que imaginamos e que abrange as três realizações sonoras do "a", é o fonema vocálico /a/, que faz parte do sistema fonológico do português.

Grafemas – Letras com as quais são representados os fonemas nos sistemas de escrita alfabéticos. As letras, ou grafemas, são os elementos mínimos da escrita, assim como os fonemas são os elementos mínimos da língua (cf. OLIVEIRA, 2005).

Gêneros de texto – Segundo Bakhtin [1953 (1992)], formas de dizer mais ou menos estáveis numa sociedade. São inúmeros e se concretizam em textos que os cidadãos reconhecem como pertencentes ao mesmo padrão (notícia, artigo científico, palestra, sermão, e-mail, fofoca etc.). Os gêneros caracterizam-se por suas funções sociais e pela temática, a forma composicional e o estilo de linguagem que têm em comum (ver verbete neste glossário). Esses padrões são, no entanto, maleáveis e dinâmicos – podem alterar-se conforme os objetivos do autor e as novas funções e novos suportes tecnológicos que venham a assumir. Determinados gêneros textuais circulam em domínios discursivos (ou esferas sociais) específicos: o cotidiano, o jornalístico, o científico, o religioso, o literário, por exemplo (embora possam ser deslocados de um domínio para outro).

Implicatura – Nas teorias dos atos de fala, sentido atribuído ao enunciado quando se constata que seu sentido literal não é relevante para o contexto ou situação. Nesse caso, a interpretação dada leva em conta menos o que é expressamente dito e mais as inferências que podem ser feitas quanto às intenções do interlocutor (ver GRICE, [1975] 1982 e YULE, 1996).

Jogo literário – Em teoria literária, expressão usada para manifestar a compreensão de que a literatura é uma forma de jogo entre diferentes sujeitos (autor, ilustrador, editor, leitor etc.). Nesse jogo, os sujeitos estabelecem relações com o texto que fazem lembrar situações em que se ganha ou se perde. Um exemplo de ganho seria a catarse, que ocorre quando o leitor se identifica com uma determinada personagem; um exemplo de perda seria a não compreensão, pelo leitor, de um elemento simbólico em uma obra.

Língua – Sistema simbólico verbal que se constitui enquanto atividade social e histórica, sendo, portanto, dinâmico e flexível. É de natureza cognitiva, funcional e interativa. Considerar a língua como *atividade* significa reconhecer que nos apropriamos dela por meio de trabalho cognitivo interior, a partir das interações verbais de que participamos (ainda que como ouvintes) desde bebês. Essa atividade é *social* e *histórica*, porque as regras do sistema e do uso da língua se constituem nas ações e pelas ações linguísticas dos sujeitos de uma comunidade e vão se sedimentando e se modificando ao longo da história. Por outro lado, esse sistema se organiza para servir à atividade mental humana de compreender a realidade e integrar esse conhecimento numa rede de significação social e cultural – daí sua dimensão *cognitiva*. Além disso, esse sistema se estrutura também para servir às necessidades humanas de comunicação, de *interação*. Isso significa que a língua se estrutura em função de seu uso na sociedade – daí sua natureza funcional.

Memória discursiva – Conjunto de saberes e conhecimentos que são compartilhados pelos interlocutores. Ela é alimentada pelo *cotexto* (conjunto de elementos linguísticos que compõem o texto) e pelo *contexto* (elementos exteriores ao texto que condicionam tanto a maneira de produzi-lo como a de interpretá-lo). É, portanto, dependente da situação de interlocução.

Organizadores textuais – Segundo Bronckart (1999), o mesmo que "mecanismos de conexão". São recursos linguísticos que explicitam as relações entre os diferentes níveis da organização do texto: conjunções, locuções conjuncionais, advérbios, locuções adverbiais, locuções prepositivas. Os organizadores textuais contribuem para tornar mais visíveis as articulações entre: (a) as diferentes partes que compõem o texto; (b) as sequências de tipos diferentes que podem compor um texto (articular uma sequência narrativa com uma sequência argumentativa, por exemplo); (c) as partes integrantes de uma mesma sequência textual (por exemplo, as partes de uma sequência narrativa).

Pacto ficcional – Conjunto de disposições relativas ao envolvimento cognitivo e emocional que o leitor estabelece com o texto ficcional (sobretudo o literário). Diz-se que foi estabelecido o pacto ficcional quando o leitor se dispõe a partilhar o "mundo" que o texto lhe propõe. Assim, fazendo o pacto ficcional, o leitor não vai rejeitar determinado conto de fadas porque considera impossível um sapo se transformar em príncipe. Outro exemplo de estabelecimento de pacto ficcional seria quando um leitor lê um romance em que aparecem personagens históricos (que tiveram registro histórico comprovado) e não toma essa obra como um texto da História, mas como um texto ficcional.

Sistema fonológico – Estrutura organizada do componente sonoro de uma língua. O sistema fonológico inclui o conjunto dos fonemas, a organização desses fonemas em sequências lineares (sílabas, palavras) e as regras para a sua pronúncia, ou seja, a sua realização, na fala, como fones (cf. OLIVEIRA, 2005).

Tema, forma composicional e estilo – Características atribuídas aos gêneros textuais por Bakhtin [1953 (1992)]. O *tema* é elemento caracterizador na medida em que determinados conteúdos são específicos de determinadas áreas o conhecimento, ou domínios discursivos, sendo, portanto, um elemento comum aos gêneros que circulam nessa esfera social. Os *temas* com frequência ultrapassam as fronteiras de um domínio discursivo, mas o modo de abordá-los costuma ser diferente em cada esfera social: por exemplo, um artigo científico de um biólogo trata do tema *formiga* de modo diferente do que o faz uma fábula ou a embalagem de um formicida. A *forma composicional* diz respeito à estrutura formal do gênero, isto é, às partes que o compõem e à ordem em que costumam aparecer. Não constitui, de maneira alguma, uma fôrma fixa e imutável. Trata-se do padrão mais costumeiro, que pode ser "subvertido" intencionalmente pelos falantes, para provocar efeitos desejados, e que se transforma historicamente conforme as mudanças socioculturais. Já o *estilo* diz respeito ao emprego dos recursos linguísticos que tornam possível reconhecer certos gêneros. Por exemplo, um conto de fadas tem como marca começar com a expressão "era uma vez" e terminar com "foram felizes para sempre". Um boletim de ocorrência (B.O.) de trânsito usa termos como "abalroamento", "veículo", "condutor", "trafegar". As marcas estilísticas não aparecem só no vocabulário, mas também nas construções sintáticas. Para perceber isso, basta comparar o uso da morfossintaxe nos verbetes deste glossário com o que se faz num bilhete pessoal, ou num poema.

Tipos textuais – Modos de organização textual que não têm circulação social por si mesmos. São estruturas formais bem características, com recursos linguísticos bem específicos. Seu número é reduzido: narrativo, descritivo, argumentativo, expositivo, injuntivo (ou instrucional), dialogal. Os tipos textuais podem fazer parte de textos pertinentes a uma ampla diversidade de gêneros. Assim, o gênero *carta*, do mesmo modo que os gêneros *sermão* ou *reportagem* podem ter, por exemplo, passagens narrativas, expositivas e argumentativas.

Transcrição fonética – Forma de representação escrita dos sons da fala. É usada para representar os sons das línguas naturais como os do português, do japonês, do sanumá (língua indígena), do iorubá (língua africana) etc. A transcrição fonética é feita com símbolos próprios, do *Alfabeto Internacional de Fonética*, que são escritos entre colchetes. Por exemplo, a transcrição de uma palavra como *bala* é [ˈbalə]. Como se pode notar, a transcrição fonética representa detalhes de pronúncia como a sílaba tônica, marcada com o símbolo [ˈ], e mesmo a diferença de tonicidade entre as vogais de *bala*, em que a primeira vogal, tônica, é representada pelo símbolo [a] e a segunda vogal, átona, por [ə]. Esse exemplo permite perceber que a transcrição fonética difere da escrita ortográfica, na medida em que busca representar o mais fielmente possível os sons da fala, o que não é o objetivo da ortografia. Um bom exemplo disso é a palavra *porta* que apresenta essa única forma de representação ortográfica no português, mas apresenta várias transcrições fonéticas, de acordo com suas diferentes pronúncias em nosso país: [ˈpohtə] em Belo Horizonte; [ˈpoxtə] no Rio de Janeiro; [ˈportə] em Porto Alegre; [ˈpoɻtə] em São Carlos, SP. Esses exemplos de transcrição de *porta* demonstram uma importante característica da transcrição fonética: ela é capaz de representar a variação linguística. No caso de *porta*, a variação decorre das diferentes pronúncias do "r" em final de sílaba no português do Brasil. Isso não é representado pela ortografia, que usa apenas uma letra – R – para grafar esses diferentes sons.

Verbos modais – São aqueles que traduzem os pontos de vista, as crenças e as atitudes dos falantes em relação ao conteúdo de seus enunciados e aos interlocutores, como os verbos auxiliares "poder" e "dever", por exemplo.

Verbos performativos – São aqueles cujo emprego tem propriedade de poder realizar e/ou efetivar o ato que eles denotam. Por exemplo, o uso do verbo "prometer" realiza uma promessa pelo simples fato de alguém dizer "Eu prometo".

Coleções didáticas analisadas

ALMEIDA, P. N. *LEP: leitura, expressão, participação.* 3. ed. São Paulo: Saraiva, 2002.

ANDRADE, Silvia Leticia de; PINTO, Paula Cristina Marques Cardoso M.; CAMPOS, Elizabeth Marques. *Viva português.* São Paulo: Ática, 2006.

AZEVEDO, Dirce Guedes de. *Festa das palavras.* v. 4. São Paulo: FTD, 1992.

CARVALHO, Regina; ANSON, Vera Regina. *A grande aventura – Alfabetização.* 2 ed. São Paulo: FTD, 2007.

CAVALCANTE, Ângelo et al. *De olho no futuro – Língua Portuguesa.* 1ª série. São Paulo: Quinteto Editorial, 2005.

CEREJA, William Roberto; MAGALHÃES, Thereza Anália Cochar. *Português: linguagens.* 1ª e 2ª séries. São Paulo: Atual, 2002.

CEREJA, William Roberto; MAGALHÃES, Thereza Colchar. *Português: linguagens.* 5ª a 8ª séries. São Paulo: Atual, 2002.

CEREJA, William R.; MAGALHÃES, Thereza C. *Português: linguagens.* 2ª e 4ª séries. São Paulo: Atual, 2004.

FERREIRA, Givan; CORDEIRO, Isabel Cristina; KASTER, Maria Aparecida Almeida; MARQUES, Mary. *Trabalhando com a linguagem.* 5ª a 8ª séries. São Paulo: Quinteto Editorial, 2004.

CRUZ, Estevão. *Programa de vernáculo: antologia, subsídios literários e gramaticais.* Porto Alegre: Globo, 1936.

DIAFÉRIA, Celina; PINTO Mayra *Construindo consciências – Português.* São Paulo: Scipione, 2006.

EDITORA MODERNA Ltda. *Projeto Araribá – Português.* São Paulo: Moderna, 2006.

ESPECHIT, Rita, FERNANDES, Márcia; GUALBERTO, Ilza. *Na ponta do lápis e da língua.* 1ª série. 2 ed. São Paulo: Quinteto Editorial, 2003.

ESPESCHIT, Rita; FERNANDES, Márcia; GUALBERTO, Ilza T. *Na ponta do lápis... e da língua. Língua Portuguesa.* 2ª série. São Paulo: Quinteto, 2005.

FARACO, Carlos, MOURA, Francisco. *Linguagem Nova.* 8ª série. São Paulo: Ática, 1994.

FARACO, Carlos Emílio; MOURA, Francisco Marto. *Linguagem nova.* 5ª série 17 ed. São Paulo: Ática, 2006.

FERNANDES, Maria; HAILER, Marco. *ALP: NOVO.* 2ª série. São Paulo: FTD, 1999.

GOMES, Solange. *Língua portuguesa*. 1ª série. 4 ed. São Paulo: IBEP, 2005.

GONÇALVES, Maria Sílvia e RIOS, Rosana Fernandes Calixto. *Português em outras palavras*. 5 ed. 8ª série. São Paulo: Scipone. 2006.

LUNA, Cláudia Maria et al. *Ideias em contexto: língua portuguesa*. 4ª série. São Paulo: Editora do Brasil, 1997.

MARCHEZI, Vera Lucia de Carvalho; BORGATTO, Ana Maria Trinconi; BERTIN, Terezinha Costa Hashimoto. *Tudo é linguagem*. São Paulo: Ática, 2006.

MATOS, Magna D.; ASSUMPÇÃO, Solange B. *Na trilha do texto: alfabetização*. São Paulo: Quinteto, 2005.

MIRANDA, C.; LOPES, A. C.; RODRIGUES, V. L. *Vivência e construção – alfabetização*. 2 ed. São Paulo: Ática, 2002

MORAES, Lídia Maria de. *Língua portuguesa*. São Paulo: Ática, 1995.

ORCHIS, Amália; CHU, Angelina; SIMONCELLO, Vera. *Registrando descobertas: língua portuguesa*. 2ª e 3ª séries. São Paulo: FTD, 2005.

PASSOS, L. M. M. *Alegria de saber*. 2. ed. São Paulo: Scipione, 2002.

PORTES, Branca. *Roda pião – alfabetização*. Belo Horizonte: Formato Editorial, 2001.

PRIOLI, Márcia et al. *Leitura, interação e produção: trabalhando com projetos*. 3ª série. 2 ed. São Paulo: Editora do Brasil, 2005.

ROCHA, Gladys A. S. *Português: uma proposta para o letramento – Alfabetização*. São Paulo: Moderna. 1999 e 2006.

SANTOS, Cibele Mendes Curto dos; SANSON, Josiane Maria de Souza. *Descobertas & relações*. São Paulo: Editora do Brasil, 2007.

SETÚBAL, Maria Alice; LOMÔNACO, Beatriz; BRUNSIZIAN, Izabel. *Novo letra viva*: programa de leitura e escrita: alfabetização. 2. ed. Belo Horizonte: Formato, 2002.

SILVA, Antônio de Siqueira, BERTOLIM, Rafael. *Língua portuguesa: linguagem e vivência*. 8ª série. São Paulo: IBEP, 2004.

SOARES, Magda. *Português: uma proposta para o letramento*. 3ª série. São Paulo: Moderna, 1999.

SOARES, Magda. *Português: uma proposta para o letramento*. 5ª, 6ª e 8ª séries. São Paulo: Moderna, 2002.

SOUZA, Cássia Garcia de; MAZZIO, Lúcia Perez. *De olho no futuro: Língua portuguesa*. 4ª série. São Paulo: Quinteto Editorial, 2005.

TIEPOLO, Elisiani; MEDEIROS, Sonia. *Arte & manhas da linguagem*. 2ª série. 2 ed. Curitiba: Positivo, 2004.

Referências

ANTUNES, Irandé. *Lutar com palavras*: coesão e coerência. São Paulo: Parábola, 2005.

APARÍCIO, Ana Sílvia. *A produção da inovação em aulas de gramática do ensino fundamental II da escola pública estadual paulista*. Tese de Doutorado em Linguística Aplicada, Programa de Pós-Graduação em Linguística Aplicada. IEL-UNICAMP, Campinas, 2006.

BAGNO, Marcos. *Português ou brasileiro? Um convite à pesquisa.* São Paulo: Parábola, 2001.

BAGNO, Marcos et al. *Língua materna: letramento, variação e ensino.* São Paulo: Parábola, p. 13-84, 2002.

BAGNO, Marcos. *Nada na língua é por acaso*: por uma pedagogia da variação linguística. São Paulo: Parábola, 2007.

BAKHTIN, Mikhail. [1953]. Os gêneros do discurso. In: *Estética da criação verbal*. 2. ed. São Paulo: Martins Fontes, (1992).

BAKHTIN, Mikhail (Volochinov, Valentin). [1929]. *Marxismo e filosofia da linguagem*. São Paulo: HUCITEC, (1986).

BATISTA, Antônio Augusto. *Recomendações para uma política pública de livros didáticos*. Brasília: MEC/SEF, 2001.

BATISTA, Antônio Augusto. A avaliação dos livros didáticos: para entender o Programa Nacional do Livro Didático (PNLD). In: ROJO, Roxane; BATISTA, Antônio (Org.). *Livro didático de língua portuguesa, letramento e cultura da escrita*. Campinas: Mercado de Letras, 2003. p. 25-68.

BATISTA, Antônio Augusto; COSTA VAL, Maria da Graça. (Org.) *Livros de alfabetização e de português*: os professores e suas escolhas. In: ___. Apresentação. Belo Horizonte: Autêntica/Ceale, 2004. p. 9-28.

BATISTA, Antônio Augusto; ROJO, Roxane; ZÚÑIGA, Norma Cabrera. (2005). Produzindo Livros Didáticos em tempo de mudança. In: COSTA VAL, Maria da Graça; MARCUSCHI, Beth. (Org.). *Livros didáticos de Língua Portuguesa:* letramento e cidadania. Belo Horizonte: Ceale/Autêntica, 2005. p. 47-72.

BEAUGRAND, Robert-Alain; DRESSLER, Wolfgang U. *Introduction to Text Linguistics*. Londres: Longman, (1983).

BLAKEMORE, D. *Understanding Utterances*: an introduction to pragmatics. Oxford: Blackwell, 1992.

BORTONI-RICARDO, Stella. *Nós cheguemu na escola, e agora?* São Paulo: Parábola, 2005.

BRASIL. Secretaria de Educação Fundamental/ Ministério da Educação. *Parâmetros curriculares nacionais*; língua portuguesa – 1ª a 4ª série. Brasília: SEF/MEC, 1997.

BRASIL. Secretaria de Educação Fundamental/ Ministério da Educação. (1998). *Parâmetros curriculares nacionais*; língua portuguesa – 5ª a 8ª série. Brasília: SEF/MEC.

BRASIL. Ministério da Educação. Programa Nacional do Livro Didático. *Guia de livros didáticos*: 1ª a 4ª séries – PNLD 2000/2001. Brasília: Ministério da Educação, 2000.

BRASIL. Ministério da Educação. Programa Nacional do Livro Didático. *Guia de livros didáticos*: 5ª a 8ª séries – PNLD 2002. Brasília: Ministério da Educação, 2001.

BRASIL. Ministério da Educação. Programa Nacional do Livro Didático. *Guia de livros didáticos*: 1a a 4a séries – Língua Portuguesa e Alfabetização – PNLD 2004. Brasília: Ministério da Educação, 2003.

BRASIL. Ministério da Educação. Programa Nacional do Livro Didático. *Guia de livros didáticos*: 5ª a 8ª séries – PNLD 2005. Brasília: Ministério da Educação, 2004.

BRASIL. Ministério da Educação. Programa Nacional do Livro Didático. *Guia do livro didático*: Séries/Anos Iniciais do Ensino Fundamental – Alfabetização – PNLD 2007. Brasília: Ministério da Educação, 2006.

BRASIL. Ministério da Educação. Programa Nacional do Livro Didático. *Guia do livro didático*: Séries/Anos Finais do Ensino Fundamental – Língua Portuguesa – PNLD 2008. Brasília: Ministério da Educação, 2007.

BREGUNCI, Maria das Graças C.; SILVA, Ceris Ribas. Avaliação de livros didáticos por professores de alfabetização e língua portuguesa e subsídios para o programa nacional de livros didáticos. 25ª Reunião Anual da ANPED. *Anais*... Caxambu/MG, 2002.

BRONCKART, J.-P. *Atividade de linguagem, textos e discursos*: por um interacionismo sociodiscursivo. São Paulo: EDUC, 1999.

BUNZEN, Clecio; ROJO, Roxane. Livro didático de língua portuguesa como gênero do discurso: autoria e estilo. In: COSTA VAL, Maria da Graça; MARCUSCHI, Beth (Org.). *Livros didáticos de Língua Portuguesa*: letramento e cidadania. Belo Horizonte: Ceale/ Autêntica, 2005. p. 73-118.

BUNZEN, Clecio. Reapresentação de objetos de ensino em livros didáticos de língua portuguesa: um estudo exploratório. In: SIGNORINI, Inês (Org.). *Significados da inovação no ensino de língua portuguesa e na formação de professores*. Campinas: Mercado de Letras, 2007. p. 79-108.

CAGLIARI, Luiz Carlos. *Alfabetização e linguística*. São Paulo: Scipione, 1989.

CASTILHO, Ataliba T. Para o estudo das unidades discursivas no português falado. In: CASTILHO, Ataliba T (Org.). *Português Culto Falado no Brasil*. Campinas: Editora da UNICAMP, 1989, p. 249-280.

CASTILHO, Ataliba T. *A língua falada no ensino do português*. São Paulo: Contexto, 1998.

COSCARELLI, Carla Viana (Org.) *Novas tecnologias, novos textos, novas formas de pensar*. Belo Horizonte: Autêntica, 2002.

COSCARELLI, Carla Viana. Hipertexto na sala de aula. *Presença Pedagógica*. Belo Horizonte, v. maio-jun., p. 18-23, 2006.

COSCARELLI, Carla Viana. Os dons do hipertexto. *Littera*. Pedro Leopoldo, v. 4, p. 7-19, 2006.

COSTA VAL, M. Graça. Texto, textualidade e textualização. In: Cardoso Tápias, J. L. et al. (Org.). *Pedagogia cidadã*. Cadernos de formação. Língua Portuguesa. v. 1, São Paulo: UNESP, 2004 .p. 113-128.

CRUZ, Estevão. *Programa de vernáculo: antologia, subsídios literários e gramaticais*. Porto Alegre: Globo, 1936.

DIJK, Teun Andrianus van. *Cognição, discurso e interação*. 2. ed. São Paulo: Contexto, 1996.

FERREIRO, Emília E TEBEROSKY, Ana. *A psicogênese da língua escrita*. Porto Alegre: Artes Médicas, 1984.

FRASER, Bruce. What are discourse markers? *Journal of Pragmatics 31*. p. 931-952, 1999.

GERALDI, João Wanderley. (Org.). *O texto na sala de aula*. São Paulo: Ática, 1997.

GERALDI, João Wanderley. *Portos de Passagem*. São Paulo: Martins Fontes, 1997.

GIL, Gilberto. (1996). *Pela Internet*. http://www.gilbertogil.com.br/sec_discografia _view.php?id=34. Acesso em set. 2008

GRICE, Paul H. Lógica e Conversação. In: DASCAL, Marcel. (Org.). *Fundamentos Metodológicos da Linguística*. v. IV. *Pragmática – problemas, críticas e perspectivas da linguística*. Campinas: Edição do organizador. 1982. p. 81-104. (Coleção *Fundamentos Metodológicos da Linguística*).

GUSMÁN, Jorge. *Carta por el libro*. Santiago: LOM Ediciones. (Colección Libros del Ciudadano), 2007.

HALLIDAY, M. K.; HASAN, R. *Cohesion in English*. Londres, Longman, 1978.

KATO, Mary. *No mundo da escrita: uma perspectiva psicolinguística*. 5 ed. São Paulo: Ática, 1995.

KOCH, Ingedore V. Dificuldades na leitura/produção de textos: Conectores interfrásticos. In. KIRST, Marta; CLEMENTE, Ivo. (Org.). *Linguística aplicada ao ensino de português*. Porto Alegre: Mercado Aberto, 1987.

KOCH, Ingedore V. *Introdução à linguística textual*: trajetória e grandes temas. São Paulo: Martins Fontes. p. 81-144, 2004.

LAHIRE, Bernard. *Homem Plural: os determinantes da ação*. Petrópolis, RJ: Vozes, 2002.

LANDOW, George P. *Hypertext 2.0*. Baltimore: Parallax, 1992.

LEMLE, M. *Guia teórico do alfabetizador*. São Paulo: Ática, 1987.

LEONTIEV, A. *Le développement du psychisme*. Paris: Éditions Sociales, 1984.

LÉVY, Pierre. *As tecnologias da inteligência*. São Paulo: 34, 1990.

MARCUSCHI, Luís Antônio. Gêneros textuais: definição e funcionalidade. In: DIONÍSIO; MACHADO; BEZERRA (Org.). *Gêneros textuais e ensino*. Rio de Janeiro: Lucerna, 2002. p. 19-36.

MARTINS, Aracy. *A leitura literária nos livros didáticos*. Disponível em: <http://www.tvebrasil.com.br/salto>, 2007.

MCLUHAN, M. *Galáxia de Gutemberg*. São Paulo: Nacional, 1997.

MENDONÇA, Márcia. Análise linguística no ensino médio: um novo olhar, um outro objeto. In: BUNZEN, Clecio; MENDONÇA, Márcia (Org.). *Português no Ensino Médio e Formação do Professor*. São Paulo: Parábola, 2006, p. 199-226.

MEURER, J. L.; BONINI, A.; MOTTA-ROTH, D. (Org.). *Gêneros: teorias, métodos, debates*. São Paulo: Parábola, 2005.

MORAIS, Artur Gomes de. (Org.) *O aprendizado da ortografia*. Belo Horizonte: Autêntica/Ceale, 1999.

MORAIS, Artur Gomes de. (2002). *Monstro à solta ou... análise linguística na escola*: apropriações de professoras das séries iniciais ante as novas prescrições para o ensino de gramática. Disponível em: http://www.educacaoonline.pro.br/art_monstro_a_solta.asp?f_id_artigo=432.. Acesso em 2002.

MORAIS, Artur Gomes de. *Ortografia*: ensinar e aprender. 4. ed. São Paulo: Ática, 2003.

MORAIS, Artur Gomes de. A apropriação do sistema de notação alfabética e o desenvolvimento de habilidades de reflexão fonológica. *Letras de Hoje*, v. 3, p. 35-48, 2004.

MORAIS, Artur; ALBUQUERQUE, Eliana. *Novos livros de alfabetização – novas dificuldades em inovar o ensino do sistema de escrita alfabética*. In: 14º InPLA – Intercâmbio de Pesquisas em Linguística Aplicada. São Paulo, 2004.

MORAIS, Artur; LEITE, Tânia. Como promover o desenvolvimento das habilidades de reflexão fonológica dos alfabetizandos? In: MORAIS, A; ALBUQUERQUE, E; LEAL, T. (Org.). *Alfabetização apropriação do sistema de escrita alfabético*. Belo Horizonte: Autêntica, 2005.

MORAIS, Artur Gomes de. Consciência fonológica e metodologias de alfabetização. *Presença Pedagógica*, v. 12, n. 70, jul./ago. p. 59-67, 2006.

OLIVEIRA, M. A.; NASCIMENTO, M. Da análise de "erros" aos mecanismos envolvidos na aprendizagem da escrita. *Educação em Revista*, nº 12, Belo Horizonte: FaE/UFMG, 1990.

OLIVEIRA, Marco Antônio de. *Conhecimento linguístico e apropriação do sistema de escrita*. Belo Horizonte: Ceale/FAE/ UFMG, 1990. (Coleção Alfabetização e Letramento).

PEREIRA, João Thomaz. Educação e sociedade da informação. In. COSCARELLI, C. V.; RIBEIRO. A. E. *Letramento Digital*: aspectos sociais e possibilidades pedagógicas. Belo Horizonte: Autêntica/Ceale, 2005. p.13-24.

RANGEL, Egon. *Para não Esquecer*: de que se lembrar, na hora de escolher um livro do Guia? Brasília: MEC/Secretaria de Educação Básica, 2006.

REINALDO, Maria Augusta G. M. A orientação para produção de texto. In DIONÍSIO, A. P.; BEZERRA, M. A. *O livro didático de português*: múltiplos olhares. Rio de Janeiro: Lucerna, 2001. p. 87-100.

RIBEIRO, Ana Elisa. *Perversa*. São Paulo: Ciência do Acidente, 2002, p. 57.

RIBEIRO, Ana Elisa. *Ler na tela. Novos suportes para velhas tecnologias.* (Dissertação de mestrado em Estudos Linguísticos) – FALE/UFMG, Belo Horizonte, 2003.

ROJO, Roxane; BATISTA, Antônio Augusto. Apresentação – cultura da escrita e livro escolar: propostas para o letramento das camadas populares no Brasil. In: ROJO, Roxane; BATISTA, Antônio (Org.). *Livro didático de Língua Portuguesa, letramento e cultura da escrita*. Campinas: Mercado de Letras, 2003. p. 7-24.

ROJO, Roxane; CORDEIRO, Glaís Sales. Apresentação: Gêneros orais e escritos como objetos de ensino, modo de pensar, modo de fazer. In: SCHNEUWLY, Bernard; DOLZ, Joaquim. *Gêneros orais e escritos na escola*. Campinas: Mercado de Letras, 2004.

ROJO, Roxane. Gêneros do discurso e gêneros textuais: questões teóricas e aplicadas. In: MEURER, J. L. et al. (Org.) *Gêneros: teorias, métodos, debates*. São Paulo: Parábola. p. 184-207, 2005.

ROJO, Roxane. Bases de Dados. Séries históricas do PNLD. Disponível em: http://homepage.mac.com/rrojo/LDP-Properfil/. Acesso em 28 de abril de 2009, 23h.

ROSSARI, Corinne. Les relations de discours avec ou sans connecteurs. *Cahiers de Linguistique Française 21*. p. 181-192, 1999.

ROSSARI, Corinne. *Connecteurs et relations de discours*: des liens entre cognition et signification. Presses Universitaires de Nancy, 2000.

ROUET, Jean-François, LEVONEN, Jarmo; DILLON, Andrew; SPIRO, Rand. (1996). *Hypertex and cognition*. USA: Lawrence Erlbaum Associates, 1996.

ROULET, E. (2002). De la necessité de distinguer des relations de discours sémantiques, textuelles et praxéologiques. In: ANDERSEN, H. L.; NØLKE, H. (eds.). *Macro-syntaxe et macro-sémantique*. Actes du Colloque International d'Aarhus. Bern: P. Lang. p. 141-165.

ROULET, E. Une approche modulaire de la problematique des relations de discours. In: MARI, H. et al. *Análise do Discurso em Perspectivas*. Belo Horizonte: FALE/UFMG, 2003. p. 149-178.

ROULET, E. The description of text relation markers in the Geneva model of discourse organization. In: FISCHER, K (ed.). *Approaches to Discourse Particles*. Amsterdam: Elsevier, 2006. p.115-131.

SANTOS, Else Martins. *A Influência dos Chats na escrita do adolescente*. Dissertação de Mestrado. Belo Horizonte: Programa de Pós-Graduação em Estudos Linguísticos. FALE-UFMG, 2003.

SCHIFFRIN, Deborah. *Discourse Markers*. Cambridge: Cambridge University Press, 1987.

SCHNEUWLY, Bernard. *Le language écrit chez l'enfant - La production des textes informatifs et argumentatifs*. Neuchâtel: Delachaux et Niestlé, 1988.

SILVA, Alexandro. *Entre ensino de gramática e análise linguística*: um estudo sobre mudanças em currículos e livros didáticos. Tese de Doutorado em Educação. Universidade Federal de Pernambuco. Recife, 2008.

SILVA, Ceris S. Ribas. *As repercussões na prática docente dos novos livros didáticos de Alfabetização*. Tese de Doutorado. Belo Horizonte, Faculdade de Educação da UFMG, 2003.

SILVA, Ceris S. Ribas. Formas de uso dos novos livros de alfabetização: por que os professores preferem os métodos tradicionais?. In: COSTA VAL, Maria da Graça; MARCUSCHI, Beth. (Org.). *Livros Didáticos de Língua Portuguesa*: letramento e cidadania. Belo Horizonte: Autêntica/Ceale, 2005. p. 185-203.

SILVA, I. P. O. A escrita na escola: exercício escolar ou interação verbal. *Anais do 12º Congresso de leitura do Brasil*. Campinas: Associação de Leitura do Brasil, CD, 1999.

SOARES, Magda. *Letramento: um tema em três gêneros*. Belo Horizonte: Autêntica/Ceale, 1998.

SOARES, Magda. Português na escola: história de uma disciplina escolar. In: BAGNO, M. (Org.). *Linguística da norma*. São Paulo: Loyola, 2002. p.155-177.

SOARES, Magda. Ler, verbo transitivo. In: PAIVA, Aparecida et al. (Org.) *Leituras literárias*: discursos transitivos. Belo Horizonte: Autêntica/Ceale, 2005. p. 29-34.

YULE, George. *Pragmatics*. Oxford University Press: Oxford, UK, 1996.

OS AUTORES

Ana Catarina Cabral

Doutoranda do Programa de Pós-Graduação em Educação da UFPE, membro do Centro de Estudos em Educação e Linguagem (CEEL).

Ana Cláudia Tavares

Doutoranda do Programa de Pós-Graduação em Educação da UFPE, membro do Centro de Estudos em Educação e Linguagem (CEEL).

Andréa Tereza Brito Ferreira

Prof.ª Dr.ª da UFRPE e do Programa de Pós-Graduação em Educação da UFPE, Coordenadora do Centro de Estudos em Educação e Linguagem (CEEL).

Beth Marcuschi

Doutora em Linguística, professora da graduação e pós-graduação em Letras da UFPE e pesquisadora do Centro de Estudos em Educação e Linguagem (CEEL). Desenvolve pesquisas sobre ensino, aprendizagem e avaliação da produção textual em livros didáticos de língua portuguesa e no contexto escolar. Organizou livros e publicou vários artigos em sua área de interesse. Atua em cursos de formação para professores das redes públicas de Pernambuco. Integra a equipe de avaliação do Programa Nacional do Livro Didático (PNLD).

Carla Viana Coscarelli

Doutora em Linguística pela UFMG, onde leciona, desenvolve pesquisas e orienta dissertações e teses. Fez pós-doutorado no Departamento de Ciências Cognitivas da University of California San Diego. É pesquisadora do Centro de Alfabetização, Leitura e Escrita (Ceale/FaE/UFMG) e coordenadora do *Projeto Redigir* na FALE/UFMG. É autora do *Livro de receitas do professor de português*, organizou os livros *Novas tecnologias, novos textos novas, formas de pensar* e *Letramento digital* (este, juntamente com Ana Elisa Ribeiro), todos publicados pela Editora Autêntica, além do livro *Oficina de leitura e produção de textos*, publicado pela Editora da UFMG.

Ceris Salete Ribas da Silva

É professora de didática da Faculdade de Educação da UFMG e pesquisadora do Ceale/FaE/UFMG. É doutora em Educação pela UFMG. Participa, como avaliadora e coordenadora de área, da avaliação de livros de alfabetização do PNLD desde 1997. É coordenadora do Programa de Formação Continuada de Professores – Pró-Letramento, de inicia tiva do MEC, desenvolvido nos Estados do Ceará, Paraíba, Roraima, Amapá e Minas Gerais. Tem publicações nas áreas da alfabetização e do letramento, da avaliação de livros didáticos e da formação continuada de professores alfabetizadores.

Clecio Bunzen

Formado em Letras pela Universidade Federal de Pernambuco, tem mestrado e doutorado em Linguística Aplicada pelo IEL/UNICAMP. Desenvolve pesquisas direcionadas à produção, avaliação e uso do livro didático de língua portuguesa do ensino fundamental e do ensino médio. Dando continuidade ao estudo do tema de sua dissertação *Livro didático de Língua Portuguesa: um gênero do discurso*, seu atual projeto de pesquisa é sobre a recepção do gênero livro didático de língua portuguesa e suas possíveis implicações para formação do professor. Tem participado de cursos de formação para professores da rede pública do Estado de São Paulo e do Programa Nacional de Avaliação dos Livros Didáticos. Coordena cursos de pós-graduação *lato sensu* sobre alfabetização e letramento (UNIANCHIETA e Faculdades Network, SP). Além disso, coordena, há oito anos, um grupo de discussão virtual sobre materiais didáticos: <www.grupos.com.br/grupos/didaticos>.

Delaine Cafiero

Doutora em Linguística pela UNICAMP. Professora adjunta da Faculdade de Letras da Universidade Federal de Minas Gerais. Atua na área de linguística aplicada ao ensino de língua materna, lecionando as disciplinas *alfabetização e letramento* e *leitura na sala de aula*. Desenvolve projetos de pesquisas que tomam como objeto habilidades de leitura desenvolvidas pelo aluno por meio do uso de livros didáticos, bem como habilidades construídas no ciclo de alfabetização. É pesquisadora do Centro de Alfabetização e Leitura – Ceale/FaE/UFMG, onde atua na área de avaliação sistêmica e medidas educacionais. Participa de grupos de pesquisa voltados para a capacitação de professores do ensino fundamental.

Eliana Borges Correia de Albuquerque

É professora e doutora do Programa de Pós-Graduação em Educação da UFPE, Coordenadora do Centro de Estudos em Educação e Linguagem – CEEL.

Else Martins dos Santos

Doutoranda em Linguística pela Faculdade de Letras da UFMG, professora do ensino fundamental, médio e superior. Professora em cursos de pós-graduação *lato-sensu* da PUC-Virtual, UNI-BH, SENAC e PREPES. Formadora de professores pelo Ceale/FaE/UFMG.

Giane Maria da Silva

Mestre em Educação pela UFMG professora das séries iniciais da rede municipal de ensino de Belo Horizonte (MG) desde 2006. Participa de projetos coordenados pelo Centro de Alfabetização, Leitura e Escrita (Ceale/FaE/UFMG), da Faculdade de Educação da UFMG, como o Programa Nacional do Livro Didático (PNLD) e o Pró-Letramento, programa de formação continuada de professores nas áreas de alfabetização e linguagem. Atua ainda com formação de professores em redes de ensino públicas no estado de Minas Gerais.

Janice Helena Chaves Marinho

Professora da Faculdade de Letras da Universidade Federal de Minas Gerais. Possui pós-doutorado pela Université de Fribourg (Suíça), doutorado em Linguística e mestrado em Letras: Língua Portuguesa, ambos pela UFMG. Atua na graduação e na pós-graduação, na área de estudos do texto e do discurso. É líder do grupo de pesquisa certificado pelo CNPq, *Grupo de Estudos sobre a Articulação do*

Discurso. Atua no PNLD e na Avaliação de Impacto da Olimpíada de Língua Portuguesa, programas desenvolvidos pelo MEC. Suas pesquisas mais recentes voltam-se para o estudo de expressões conectivas e de seu impacto sobre as relações de discurso.

Maria da Graça Costa Val

Mestre em Língua Portuguesa e doutora em Educação, é professora aposentada da Faculdade de Letras da UFMG e pesquisadora do Ceale/FaE/UFMG, onde permanece atuante nas áreas de ensino de língua materna e formação de professores, publicando artigos, elaborando material didático e ministrando cursos de formação continuada. Co-organizadora de livros publicados pela Autêntica: *Reflexões sobre práticas escolares de produção de texto* (2003); *Livros de Alfabetização e de Português*: os professores e suas escolhas (2004); *Livros didáticos de Língua Portuguesa*: letramento e cidadania (2005).

Raquel Fontes Martins

Graduada em Letras, mestre e doutora em Linguística pela Faculdade de Letras da Universidade Federal de Minas Gerais. Foi professora de língua portuguesa no ensino fundamental, estando hoje no ensino superior. É pesquisadora do Ceale/FaE/UFMG, onde atua em cursos de formação continuada direcionados especialmente a professores dos anos iniciais do ensino fundamental. Participa de projetos de avaliação da alfabetização, em âmbito nacional e estadual, apresentando publicação nessa área, bem como nas áreas de linguística e ensino de língua portuguesa.

Telma Ferraz Leal

Doutora em Psicologia Cognitiva, é professora da Universidade Federal de Pernambuco, atuando na graduação em Pedagogia e Pós-Graduação em Educação. É uma das coordenadoras do Centro de Estudos em Educação e Linguagem, onde desenvolve projetos de pesquisa e de extensão. Participa de projetos de avaliação de materiais didáticos e formação de professores, como o Programa Pró-Letramento. Tem publicado artigos e livros na área de ensino da língua portuguesa.

Qualquer livro do nosso catálogo não encontrado nas livrarias pode ser pedido por carta, fax, telefone ou pela Internet.

✉ Rua Aimorés, 981, 8º andar – Funcionários
Belo Horizonte-MG – CEP 30140-071

📱 Tel: (31) 3222 6819
Fax: (31) 3224 6087
Televendas (gratuito): 0800 2831322

@ vendas@autenticaeditora.com.br
www.autenticaeditora.com.br

Este livro foi composto com tipografia Minion Pro e impresso em papel Off set 75 g na TCS Soluções Gráficas e Editora.
